ちくま学芸文庫

メソポタミアの神話

矢島文夫

筑摩書房

目次

メソポタミアの神話

はじめに——くさび形文字の世界

メソポタミアの古代文明

本書ではメソポタミアの代表的な古代民族であるシュメール人、アッカド人、ヒッタイト人が今日に残している神話を紹介しますが、本文に入るまえに、これらの人たちを生んだメソポタミアの自然、これらの人たちが作り出した古代文明、そして近代の考古学者・言語学者によるその再発見の歴史をみておくことにします。

メソポタミアというのはギリシア語で「(複数の)川のあいだ」という意味で、ティグリス川とユーフラテス川のあいだということであり、しばしば「両河地方」と呼ばれます。ティグリスの名は、シュメール語のイディグナ、アッカド語のイディグラトから出たもので、ヒッタイト人はアランザヒと呼んでいました。またユーフラテスの名は、シュメール語のブラヌン、アッカド語のプラットから出たものです。

ティグリス川もユーフラテス川も、小アジア(今日のトルコ)東部を水源地とし、ティグリス川はイラク東部を流れ、ユーフラテス川はシリア北東部を流れてこれもイ

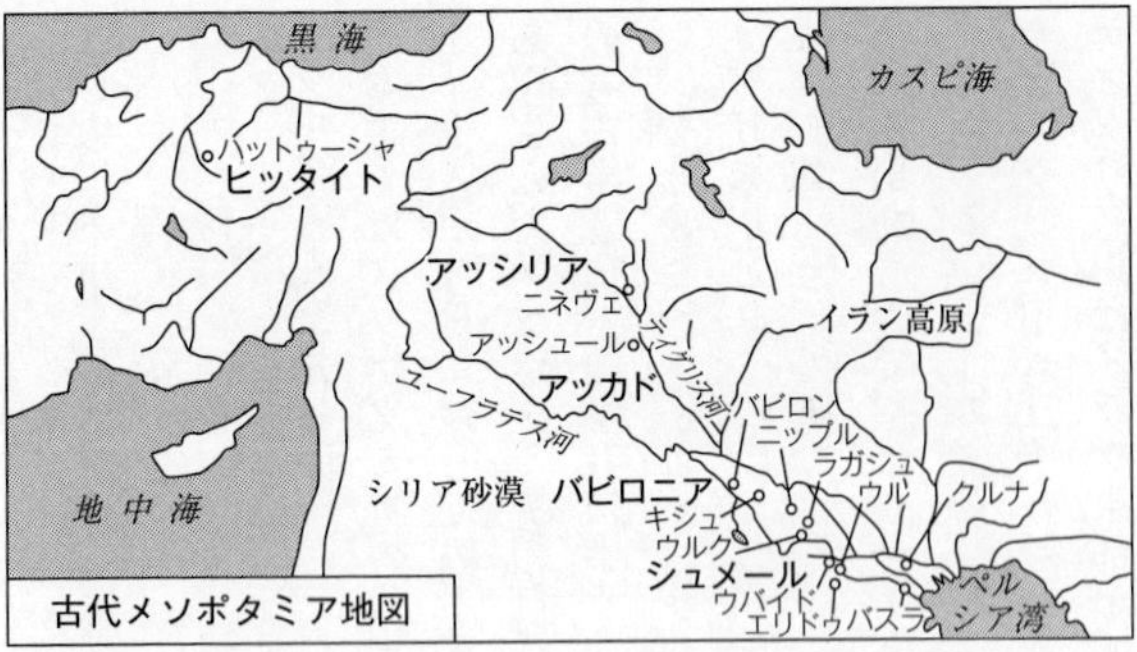

古代メソポタミア地図

ラク西部を通り、イラク南部のクルナで合流してシャット・エル・アラブ川と名を変え、バスラの下流でペルシア湾に流れこんでいます。しかし古代には、この二つの川は合流することなく、べつべつに河口をもっていました。水源地のあたりは山岳地帯ですが、シリアもイラクもだいたいは平原で、川が運んでくる堆積層からできています。

今から数万年前に、この地に人間が住みつき、最初の農耕文明がはじまりました。その痕跡は北イラクのジャルモ、ハラフ、南イラクのウバイドなどに残されていますが、これがどういう人たちだったかははっきりしません。ウバイドではかなり進んだ石器や装飾品、土製人形などが見つかっていますが、この先住民たちの文化は、何らかの形で次にやってきたシュメール人たちに受け継がれたようです。ウバイド人などの、メソポタミア先住民のことはあまりよくわかりませんが、メソポタミアの古代地名のあるものはこれらの人たちが使っていたことばを残しているといわれます。

メソポタミアで文明といえるものをつくり出した最初の人たちはシュメール人です。この人たちは海を渡ってきたとか、山国からやってきたといわれますが、今のところよくわかりません。のちに詳しく述べるように、シュメール人は世界で最初の文字であるくさび形文字をつくり出し、シュメール語の文書を残してくれました。そのシュメール語は今のところ他のどのことばとも関係づけられていませんが、シュメール遺跡で見つかった多くのシュメール人彫像などを見ると、東洋系のようにも思われます。男女とも背は低めで、丸顔が多く、男性はしばしば頭髪をそっており、あまり毛深くないのが特徴です。男女とも羊毛の衣服に鳥の羽でつくったスカートをつけ、身分の高い人たちは金やラピスラズリ（アフガニスタン地方でとれる紺青色の貴石）などの装飾品をつけたりしました。

シュメール人の像

このシュメール人はメソポタミアの二つの川の下流地方に最初の都市国家をたてた人た

ちです。ウル、ウルク、エリドゥ、ラガシュ、ギルス、アダブ、シュルッパク、ニップルなどがそれで、これらの都市国家は中心に神殿、周囲に城壁が建てられ、たいていはそこからティグリス川かユーフラテス川にまで道路がつけられ、川岸にはカールと呼ばれる船着き場があって、船が交通手段として用いられていました（このことは本文中の『ギルガメシュ叙事詩』の記述からもわかります）。

都市国家では、中心にある神殿が政治や経済のセンターであり、王や神官が商業や農業の仕事についている市民を支配しており、しばしば近隣の都市国家や外来の遊牧民と戦いました。また神殿では、ごく古い時代から伝えられた神々が崇拝され、いろいろな儀式が行なわれました（本文中の『バビロニアの創世記』の原文は、バビロニアの新年祭であるアキトゥーの祭りのときに朗誦《ろうしょう》されたものです）。

神殿の中心部はしばしばジッグラトと呼ばれる何層もの階段状の塔の形をしており、シュメール語ではエ・テメン・アン・キ「天と地の基礎の建物」と呼ばれましたが、のちにバビロンのものが有名になり、「バベルの塔」として聖書（『旧約聖書』創世記第十一章）に伝えられました。

シュメール人たちは南メソポタミアに最初の都市国家をつくり、数世紀たったころに、こんどは別の民族がこの地に侵入してきて、シュメール人たちの大部分を征服してしまいました。この人たちはセム語族（今日のアラビア語・ヘブライ語、古代のフェニキア語・アラム語およびアッカド語などを含むセム語を話す人たち）に属していますが、メソポタミアに侵入したのはこのなかでアッカド語（アッシリア・バビロニア語）を話す人たちでしたから、ここではアッカド人と呼ぶことにします。

アッカド人はシュメール人の都市国家のいくつかを滅ぼし、紀元前二五〇〇年ごろにアッカド（『旧約聖書』のアガデ）を首都とするアッカド王朝をたてました。ほぼ五百年続いたこの期間に、アッカド人はシュメールの文化（くさび形文字、神々の体系、都市国家のいろいろな制度）などを取り入れました。サルゴン一世（シャルル・ケーヌ）という大王が現われたのもこのころで、頭部を表わすすぐれた像が残されています。

紀元前二〇〇〇年ごろに、アッカド王朝人は南のバビロニアと北のアッシリアに分かれ、それぞれバビロンとアッシュール（後代にはニネヴェ）を首都として、大きな帝国に発展し、しばしば戦い合いました。バビロニアでは紀元前一七五〇年ごろにハンムラビという大王が現われ、二八二条の法典をくさび形文字で石碑に記して公布しました（この石碑は今日のパリのルーヴル美術館にあり

アッカドの武人像

ヒッタイト人をえがいた壁画

ます）。しかしのちにアッシリアに征服され、紀元前六二五〜五三八年間に新バビロニア王朝として短期間ふたたびバビロンは栄えますが、これも東方からやってきたペルシア人によって滅ぼされました。アッシリアも一時は地中海沿岸地方まで征服し、大帝国を築きましたが、これも紀元前六〇六年にペルシア人によって滅ぼされ、ニネヴェは廃墟《はいきょ》となりました。ここにあったアッシュール＝バニパル王宮文書庫（王宮図書館）には、きわめて多くの粘土書板が保存されていましたが、これが近代になって発掘され、本書に収めたような多くのアッカド語文書が明らかになりました。

本書では、シュメール人・アッカド人の作品とともに、ヒッタイト人が残した神話文学の一部を収めましたが、このヒッタイト人はティグリス川とユーフラテス川の水源地域にあたる小アジアに住み、一時はシリア地方にまで勢力を伸ばしていました。ヒッタイト人は黒海の北方からやってきたともいわれますが、言語上はインド・ヨーロッパ語族（今日の英語やその他の大半のヨーロッパ語、ギリシア語・ラテン語・サンスクリット語などを含みます）に属しており、シュメール人やアッカド人とはこの点でも大きく異なっています。

ヒッタイト人（ハッティとかヘテと呼ばれていました。ヒッタイトというのは英語読みです）は、今日のトルコ中央部ボアズケイ村にあたるところにハットゥーシャという名の首都をたて、このあたりに産出する鉄で武器をつくり、大勢力となって一時はエジプト人と勢力を争い、シリアのカデシュの戦いではエジプト人を打ちやぶりました。ヒッタイト人もシュメール伝来の粘土書板とくさび形文字を学び、これによって多くの歴史や法典、そして神話文学を残しました。

くさび形文字の役割

前節のはじめにふれたように、メソポタミアの大部分は二つの大河がもたらす粘土でおおわれた平原で、一見したところ何もないところですが、シュメール人はここで二つの大発見をしました。

その一つは、この粘土でつくる煉瓦《れんが》で、これは強い日光で乾燥させただけでもかなり耐久力のある建築材料となりました。火で焼いたものは半永久的にもつものとなり、建造物の表面などに使用されています。日乾《ひぼ》し煉瓦はメソポタミアから古代エジプトにも伝えられ、ここではトゥーベと呼ばれていました。これがのちにアラブ人によってアットゥーブと呼ばれて使用され、その使用はイベリア半島から中南米にまで伝わりました。これらの地方でアドベと呼ばれているのが、このメソポタミア

くさび形文字の書かれた粘土書板

起源の日乾し煉瓦です。

第二の発明は、煉瓦の場合と同じく粘土を材料にした書板で、シュメール語でドゥブ、アッカド語でトゥップと呼ばれ、これに文字が書かれて今日の本の役割を果たしました。

くさび形文字は、やわらかい粘土におしつけて品物や人間などの形をつけ、計算や記録に用いたものが、のちに簡略な図形になり、さらに簡略化されて生じたといわれています。今日もっとも古いものとして知られているウルク文書は、ウルク（本文に入っている『ギルガメシュ叙事詩』の主人公ギルガメシュのふるさと）の神殿跡から出土した小型の粘土書板に書かれているもので、この段階（紀元前三二〇〇年ごろ）のく

さび形文字は、実はまだ象形文字ふうのものです。ここには魚や穀物や人間の頭、手、足その他数百にものぼる文字記号が記されていますが、これは今のところよく読めません。

こののちこれらの文字記号を線状に記すようになり、またはじめ縦書きだったものを横書き（左から右）に書くようになって、ついにくさび形文字ができ上がりました。

ギルガメシュのふるさと，ウルクの神殿の廃墟

シュメール人が完成させたくさび形文字は、もちろんシュメール語を書き表わしましたが、じきにメソポタミアを征服したアッカド人によって借用され、今度は同じこの文字がアッカド語を書き表わすことになりました。これは中国生まれの漢字が日本に入り、そこから派生した仮名文字（ひらがな、カタカナ）と、日本語読みの漢字で日本語が表わされるのと似ています。日本で使われている漢字のなかには、もとの中国語読みをだいたいそのまま

残しているものもありますが、同じことがアッカド文字の用法にもあって、シュメール語の読み方をそのまま残しているものもたくさんあります。ですからアッカド文字の用法はたいへん複雑なものとなりました。文字の数は六百くらいで、日本の常用漢字の三分の一ほどですが、用法が難しいのでだれでも使えるというわけにはいきません。神殿に付属する学校で少年時代からこの文字を学んだ少数の人たちだけが、書記としてのちに都市国家のなかで重要な地位を占めました。また神殿や宮殿には文書庫（図書館）が設けられ、古くから伝えられた書板を保存したり、また別のところから借りてきた書板を複写して新しい書板を作製したりしました。こうした文書庫は十か所ほど見つかっていますが、なかでも前記のアッシュール゠バニパル王宮文書庫は有名で、ここから出土した数万個の書板が今日ではロンドンの大英博物館に保管されています。本書に収めたアッカド神話の原文はほとんどすべて、ここの粘土書板に記されているものです。

くさび形文字はシュメール・アッカド語ばかりでなく、前述のようにヒッタイト語の表記にも用いられましたが、その他にも、カフカス地方の古代民族であるウラルトゥー人も自分たちのことば（ウラルトゥー語。ハルディー語とも呼ばれます）を記すのに用いました。また使い方はかなり異なりますが、同じくさび形の文字を用いた人たちに、古くには地中海東岸に住んだウガリット人（フェニキア人と近い関係にあったセム語族。ここではアルファベット式のくさび形が使われていました）や、古代ペルシア人（ここではくさび形文字が日本の仮名文字に近い形で使われました）がいました。くさび形文字の解読は、実はこの古代ペルシアくさび形文字から着手され、それがほぼ成功してから本来のシュメール・アッカドくさび形文字が読めるようになったのです。

くさび形文字の解読

紀元前三〇〇〇年かもう少し古いころに作り出されたくさび形文字は、ほぼ三千年間使われ（この間に前述のように各地に伝播《でんぱ》して新種を生んだりしましたが）、ほぼ西暦紀元前後のころに使われなくなり、たちまち忘れ去られてしまいました。

近世になってヨーロッパ人旅行者が、イランのペルセポリス遺跡などを訪れ、そこで妙な文字が使われているのを見て同国人たちにそのことを伝えました。これらの文字は、くさびを組み合わせたような形をしているので、いつのころにか、くさび形文字という名が生じました。

ペルセポリス（イラン西南部）やその近くの古代遺跡では、しばしばくさび形文字の碑文が見られましたが、それらには三種類のくさび形文字が刻まれていました。そのうちの一つは、文字記号が約四十個だけの簡単なもので、これは古代ペルシア語を書いたものと推定されました。

このくさび形文字を解読したのは、ドイツ人高校教師G・F・グローテフェント（一七七五～一八五三）という人でした。彼は現地へ行ったことはありませんでしたが、このコピーを入手してから研究に熱中し、各文字の読み方をほぼ正しく推定しましたが、その解読は九十年のちまで認められませんでした。

H. C. ローリンソン

くさび形文字が使われていたメソポタミアやイランの現地を調査し、古代ペルシアのくさび形だけでなく、もっと複雑なシュメール・アッカドのくさび形文字（くさび形文字の主流で、「バビロニアくさび形文字」とも呼ばれる）の基本的な解読をなしとげたのは、イギリス人学者H・C・ローリンソン（一八一〇～九五）でした。彼は若いころにインドへ行って東方諸語に熟達し、次にイランの古代遺跡で見たくさび形文字に興味をもちました。ベヒストゥンというところの岩山には大きな岩壁刻文があり、古代ペルシアのダレイオス王と家来および捕虜たちを表わす浮彫りの周囲に、三種のくさび形文字（古代ペルシア・バビロニア・古代エラムのくさび形文字）がぎっしり彫られていますが、ローリンソンは苦心してこれを写し取り、解読のための資料としました。

ローリンソンは前記のグローテフェントとは関係なく、古代ペルシアのくさび形文字を解読し、さらに「バビロニアくさび形文字」を少しずつ明らかにしていきました。これは前述のようにきわめて複雑な用法をもつものでしたから、ローリンソンはしばしば投げ出したくなったと後で書いているほど彼を悩ませました。しかしこの文字で書かれているアッカド語（ベヒストゥン刻文の場合はバビロニア方言）は、『旧約聖書』で使われているヘブライ語や今日も使われているアラビア語と同系統で、共通の単語がたくさんあるので、これらを比較することによって、数十の単語が明らかになり、日本の漢字のような複雑な読み方をされる文字記号も、だんだんと理解できるようになりました。

ローリンソンとともにアイルランド人牧師E・ヒンクス（一七九二～一八六六）も（彼は現地へ行ったことは一度もありませんが）、くさび形文字の解読に大きな働きをしました。とりわけヒンクスは、この文字がセム語族（つまりここではバビロニア人）によって作られたものではなくて、別の人たちによって作られたことを推定しましたが、これこそそのちにシュメール人として知られるようになった人たちです。

「大洪水の物語」を伝える碑文

一八五七年にはロンドンの王室アジア協会で、くさび形文字の解読についてのコンテストが行なわれました。ローリンソン、ヒンクスのほか二人の当時のくさび形文字研究者が集まり、委員が、未公刊の、あるくさび形文字刻文をこの四人に渡してそれぞれ別に解読させ、その結果を委員たちが比較してみました。委員たちは四人の訳文を見て、ほぼ一致していること、つまり「バビロニアくさび形文字」が基本的に解読されたことを認めたので、くさび形文字の解読はこの年（一八五七年）ということにされています。

この年から十五年たった一八七二年のある日、大英博物館で働いていたG・スミス（一八四〇〜七六）は、北メソポタミアから運ばれてくる粘土書板を整理していました。彼はもとは銅版技術者でしたが、いつのまにかくさび形文字が読めるようになっていました。この日、彼がいつものようにくさび形文字バビロニア語の粘土書板を眺めていると、その一部に「船がニシルの山にとまった」、つづけて「ハトを放したが、それがもどってきた」というような文章が書かれているのを見つけました。彼はすぐさま、これは『旧約聖書』（創世記第六～九章）に出てくる「ノアの方舟《はこぶね》と大洪水の物語」にあたるものと思いつき、上司に報告し、大騒ぎになりました。この粘土書板は今日では『ギルガメシュ叙事詩』第一一の書板として知られているものです（本文参照）。

これから約一世紀のあいだに、シュメール・アッカド語の研究は日進月歩の勢いで発展し、多くの文書の内容が明らかになってきています。本書でご紹介するのは、それらのなかの代表的なものですが、この他にも断片的なもの、一部だけ明らかになっているもの、まだ研究の進んでいないものがたくさんあります。今日発掘された粘土書板は四十万個にも達しているということですから、この分野では今後どんな発見があるか楽しみです。

次に、ヒッタイト文字とその解読について手短に書いておきましょう。ヒッタイト文字といっても、実はこれはアッカド文字とほとんど同じものが使われています。ただこの文字で書かれていることばだけが未知のものであったわけで、ヒッタイト語の解読というのが正しい言い方といえます。

古代にヒッタイト人が北シリアか小アジア方面に大帝国を建設していたことはいろいろの記録から知られていましたが、その首都ハットゥーシャの所在は二〇世紀になるまで知られていませんでした。ドイツの考古学者フーゴー・ヴィンクラー（一八六三〜一九一三）は、一九〇六年以後、今日のトルコの首都アンカラの東にあるボアズケイの古代廃墟を発掘し、ここがヒッタイト帝国の首都であったことを確かめました。彼はここの宮殿文書庫で多くの粘土書板を見つけました。これらには前記のように、くさび形文字で当時未知のヒッタイト語の文が書かれていました。

これをみごとに解読したのは、チェコ人B・フロズニ（一八七九〜一九五二）で、彼はウィーン大学で研究をしていましたが、のちにイスタンブールへ出かけて、ハットゥーシャ遺址《いし》から出た粘土書板を調べました。ある日、その一枚を眺めていると、そこに「パン」を表わすシュメールくさび形文字が書かれていました（これをヒッタイト語でどう読んだのかはわかりません）。その後に続く文字は、アッカド文字と共通のもので、「エ・イズ・ザ・アト・テ・ニ」と読めます。これはドイツ語エッセン「食べる」にあたるだろうと彼は考えました。「パンを食べる」とあるからには、彼は次に飲み物のことが書かれているだろうと考えました。続く文字を見ると「ワ・ア・タル・マ・エ・ク・ウト・テ・ニ」とあります。はじめのワアタルはドイツ語のヴァッサー、英語のウォーター、「水」にちがいありません。このようにして、フロズニはヒッタイト語がドイツ語や英語と同系統のインド・ヨーロッパ語系であることを発見しました。こうなれば、後は共通の単語をさがし比較するだけです。新発見のヒッタイト語はそののち急速にかなり理解されるようになり、本書に収めたような神話文学の研究も進みました。ただしここでも、発見された粘土書板は割れていることが多く、物語を一貫したものとするためにはいろいろの工夫が必要です。

メソポタミアの神々

シュメール人たちはメソポタミアに世界で最初の都市をつくりましたが、それらの都市は中心に神殿、その周辺に住居地、そしてまわりに周壁が設けられていました。この神殿では、天体神を中心とする神々がまつられ、数百にのぼる大小の神々が崇拝されていました。

このシュメールの神々は、数世紀のちにこの地に入ったアッカド人（アッシリア・バビロニア人）によって、ほぼそのまま取り入れられ、しばしば同じ神をアッカド語で読みかえて崇拝されました。しかしシュメール語の名のままセム人のもとで崇拝されている場合もあり、また複数の神々が一つの神になったりしているので、その関係はなかなか厄介です。

この多神教は周辺世界にも影響を及ぼしましたので、ヒッタイトの文書にも、これ

天神アヌと他の神々を描いた円筒印章

らの大神たちが登場することがあります。

シュメールの神話では、まず天の父神アンと地の母神キがいて、この二人からエンリル（本来は風・嵐の神、のちにアンを助ける地神として有力になります）が生まれたことになっています。エンリルはのちにニップル市の守護神となり、さらに最高神としてセム人にベール（「主」の意）と呼ばれて崇拝されますが、のちにはバビロニアの主神マルドゥークにとって代わられました。

エンリル神からは月神ナンナル、太陽神ウトゥが生まれました（シュメールではこのように、月神が太陽神より上位にあります。また、この月神はしばしばナンナと呼ばれました）。

また月神ナンナルからは、金星神イナンナ（愛の女神）が生まれました。

この他の大神としては、南メソポタミアの海岸にあった都市エリドゥで崇拝されたエンキ（エアとも呼ばれ、あるいは別の神が同一視されたものです）がいますが、これは水神であるとともに、知恵の神として「大洪水説話」にも登場します。

これらの大神たちは、天上でしばしば集まりましたが、その集団がアヌンナキと呼ばれ、ここでは世界や人間の運命が決められました。

このシュメールの大神たちは、ほぼそのままアッカド人のもとに伝えられ、ある神々はセム語で呼ばれるようになりました。ただし天神アンはほとんどそのままアヌと呼ばれています。エンリルは前述のように、普通名詞のベールと呼ばれていましたが、月神ナンナはシン、太陽神ウトゥはアッカド語普通名詞で太陽を意味するシャマシュ、金星神イナンナはイシュタルとなりました。

シュメール名が少しなまってセム人のもとで使われるようになった神に、イシュタル神話に出てくるタンムーズがいます。これは地母神（大地を母神と見立てたもの。豊《ほう》饒《じょう》の母神、大母神などとも呼ばれています）の子（時に夫あるいは兄弟）である植物神で、シュメール語ではドゥム・ジ・アブノズ（「水の真の子供」の意）と呼ばれていましたが、このドゥムジがなまってタンムーズとなりました。この神はシリア・フェニキア地方でしばしばアドニ（「わが主」の意）と呼ばれたので、ギリシア神話に入って、アフロディテとペルセフォネの二女神に愛されたアドニスとなっています（美青年アドニスは、のちに猪《いのしし》に殺されてその血からアネモネの花が咲いたといわれています。またアフロディテはメソポタミアの女神イシュタルとつながりをもつと考えられます）。

この他の神々としては、シュメール系のものにエンリルの子で戦いの神のニンギルス（アッカドではニヌルタとも呼ばれます）、病気や戦争をもたらす神ネルガル（アッカドではエルラガルとも呼ばれます）、月神ナンナルの妻で「大いなる婦人」を意味するニンガルらがおり、またもともとセム人のもとで崇拝されていた神に嵐神《らんしん》アダド（これはシリア地方をふるさととするらしく、ヒッタイト神話にも現われます）、予言や文字の神ナブー、アッシリアの名に残っているアッシュールなどの神々がいました。

メソポタミアでは、総計数百にものぼるこれらの神は、あつく信仰され、いろいろな祭式が行なわれていましたが、神々を人間とならべて物語を作るようなことはあまりありませんでした。ですから、ギリシアや北欧のようなところほど豊富な神話がありませんが、多くの文学のなかに書かれている神々の断片的な物語から、ある程度まででこれを復元することができます。本書に収めたものの多くは、そのような形で、現代の研究者によって組み立てなおされたものであることをお断りしておきます。

I　天地創造の神話

人間と農牧のはじまり（シュメール）

この世のはじめに、まず天と地が双子のように生まれました。次には天神アンと、アヌンナキ（神々の集団）がつくられました。次には母神から、多くの女神たちが生まれてきました。

天と地は切り離され、地上にはイディグナ（ティグリス）川とブラヌン（ユーフラテス）川がつくられ、そのまわりにはたくさんの運河が掘られました。

イディグナ川とブラヌン川には堤防がつくられ、シュメールの国土は秩序正しくでき上がりました。

天上には大神たちと、アヌンナキの神々が座って、これから何をしたらよいかを話しあいました。大神たちとは、天神アン、大気の神エンリル、太陽神ウトゥ、地と水の神エンキで、このなかではエンリルが強い権力をもっていました。

まず大神たち、とりわけエンリルが、アヌンナキの神々にたずねます。

「天と地がつくられ、イディグナ川とブラヌン川が定められ、その堤防と運河がつくられたが、これからどうしたらよいだろうか。次にはなにをつくり出したらよいだろうか」

アヌンナキの神々、とりわけ二柱の神がエンリルに答えます。

「天と地のつなぎ目であるニップル市の聖殿ウズムアで、二柱の細工の神ラムガ神の血から人間をつくり出すのです。そうすれば、神々がやってきた仕事を、これからは人間たちがやってくれるようになるでしょう。

人間たちは、運河を掘ったり、土地を分けて、鋤《すき》で掘ったり、籠をもって収穫をしたり、神々の住まいを建てたりしてくれるでしょう。

人間たちは畑をつくり、国土を豊かにし、たくさんの穀物を取り入れ、神々の倉庫を豊かにしてくれるでしょう」

こうして二柱のラムガ神の血から人間がつくり出され、最初の男はアンウレガルラ、最初の女はアンネガルラと名づけられました。

人間たちは、アヌンナキの神々の畑を耕し、シュメールの国土を豊かにするばかりでなく、神々のための祭りを正しく行ない、神殿を正しく保ち、おこたりなく水を捧《ささ》げなければなりませんでした。

大神たちのなかでも、エンリルの父神および母神であるエンウル神とニンウル神、粘土からものをつくり出すことのできる女神アルルが人間にいろいろなことを教えました。それは、ウシやヒツジやその他のけものたち、サカナ、トリなどを国土に増やすこと、昼も夜も神殿で神々のために祭りを行なうことなどです。

また大神のアン、エンリル、エンキ、ニンマフたちは、女神ニダバを人間の守り手に任じましたが、それはこの女神が人間の食べ物である穀物、そしていろいろな知識と学問の女神だからです。

さて、最初の人間がつくられたとき、シュメールの国土にはまだウシ、ヒツジ、ロバ、ヤギはいませんでした。人間たちははじめ水中に住んでいました。彼らはまだパンやお酒は知らなかったし、衣服も知らなかったのでまっぱだかでした。

大神のエンキ神とエンリル神は命令を発し、まずヒツジをつくって人間たちに与えました。ヒツジの群れはシュメールの国土にひろがり、人間たちは柵を作ってここに囲みこみ、彼らの家畜としました。母ヒツジからつぎつぎに子ヒツジが増えてゆきました。

人間がつくられたとき、まだ大麦はなく、穀物はなく、粉もありませんでした。穀物の神アシュナン神は人間に田畑や草原を与え、またそこを耕すための道具を渡しました。

人間は田畑を耕し、神々はこれに太陽の光をふりそそぎ、そこから植物が生えて、やがて豊かな穀物を実らせました。

家畜たちと穀物の実りによって、人間たちは活力あるものとなり、シュメールの国土は豊かになりました。

人間たちは国土のあちこちに粘土で住まいを建て、また神々のためには、清められた住まいを建て、すべてが豊かになりました。

バビロニアの創世記（アッカド）

I

天にも地にもまだ名前がつけられていなかったころ、すなわち世界がまだはっきりした形をとっていなかったころ、ただ男神アプスー（真水）とムンム（霧の姿をした生命力）、女神ティアマト（塩水）だけがいました。ティアマトはすべてのものを産んだ母神だともいわれています。

この原初の世界でアプスー（真水）とティアマト（塩水）が混ざりあって神々が生まれはじめました。

まず男神ラフムと女神ラハムが生まれました。この二柱の神はたちまち大きくなり、この二神から次にはアンシャルとキシャルが生まれました。この二柱の神もどんどん大きくなり、ここから生まれたのがアヌ（天神）でした。

このアヌからはヌディンムド（創造者）と呼ばれたエア神が生まれましたが、エア神は知恵も力もすぐれており、神々のだれもエア神にはかないませんでした。

神々の数が増えてくると、神々は群れをなし、大騒ぎをはじめたので、女神ティアマトは心のなかで不愉快に思っていました。男神アプスーはティアマト以上にこれを不愉快に思い、家来のムンムを呼び出して二人でティアマトのもとに行きました。

アプスーがティアマトに言うには、

「彼らがうるさくてしようがない。彼らが静かにならないと、われわれは眠れやしない」

ティアマトがアプスーに答えて言うには、

「わたしが産んだものだから仕方がないではありませんか。お手やわらかに」

ムンムはアプスーに味方して言います。

「父神よ、彼らをなんとかしてください。母神も静かなことを望んでいるのです」

アプスーはムンムのことばにうなずき、二人はうるさい神々をどうするか相談しました。

ところがこの相談が他の神々に伝わったので、神々は困ったことになったとあわてふためきました。しかし知恵の神エアはあわてることなく、呪文を唱えて神々を守り、さらにアプスーにむかって呪文を発し、アプスーを眠らせてしまいました。

それからエア神は、アプスーが身につけている冠とか輝く衣服などを取り上げてしまい、その輝く衣服を自分の身につけました。それからアプスー神を殺し、ムンムをしばって閉じこめました。

それからエア神は自分の住まいに落ち着き、しばらくして妻ダムキナはみごもり、そしてマルドゥーク神が生まれました。それはすばらしい資性をそなえた男神でした。父神エアはことのほかよろこび、ふつうの二倍の能力を息子マルドゥーク神に与えたので、この神の目は四つ、耳は四つあることになり、口をうごかすと火がもえ、たくましいその体は光り輝いていました。

大神のアヌ神は四つの風をマルドゥークに与えたので、マルドゥークはつむじ風を女神ティアマト（塩水。竜の姿をとる）に吹きつけて不愉快にさせました。

他の神々もこのことを不愉快に思い、ティアマトに言うには、

「アプスーが殺されたとき、あなたは何もしませんでしたね。アヌがマルドゥークに

与えた四つの風のために、われわれはゆっくり眠ることもできません。ぜひ、仇《あだ》をうってください。われわれは安心して眠りたいのです」

ティアマトはこのことばを受け入れて言いました。

「よろしい。わたくしたちも彼らに対抗できる風と怪物をつくり、彼らと戦いましょう」

そしてティアマトは、いろいろな種類の怪物をつくり出しました。それらは、ムシュマッヘー（七またの大蛇《おろち》）、バシュム（毒蛇）、ムシュフッシュ（サソリの尾をした竜）、ラハム（海の怪獣《かいじゅう》）、ウガルルム（巨大ライオン）、ウリディンム（狂犬）、ギルタブリル（サソリ人間）、烈《はげ》しい嵐、クリール（魚人間）、野牛などでした。

また女神ティアマトは息子のなかからキングという名の者を選び出し、これらの怪物をまじえた軍勢の司令官に任ずることにしました。そこで彼を特別の椅子に座らせて言うには、

「わたくしはおまえに呪文を唱え、神々の長としての位をおまえに授けましょう。おまえはアヌンナキの神々の司令官です」

そして彼に、天界の至上権を表わす〈天命の書板〉というものを与えました。それから女神ティアマトと司令官キングは味方の神々を集め、戦いの用意を命じました。

2

ティアマトとその味方が戦いの用意をしていることは、じきに知恵の神エアの耳にとどきました。エアはしばらく考えこんでいましたが、次に立ち上がって祖父アンシャルのところへ行き、彼がきいたことを詳しく伝えて言うには、

「母神ティアマトはわれらをきらい、多くの神々を味方につけて、戦いの用意をしています。

彼らは集まって相談し、多くの怪物をつくり出しました。それらはムシュマッヘー、バシュム、ムシュフッシュ、ラハム、ウガルルム、ウリディンム、ギルタブリル、烈しい嵐、クリール、野牛などです。

女神ティアマトは息子たちのなかからキングを選び出し、彼らの司令官に任じ、〈天命の書板〉を与えました。それからティアマトとキングは、味方の神々に戦いの用意をさせております」

アンシャルは困惑した顔つきをして、孫のエアに言うには、

「おまえがアプスーを殺したから、こういうことになったのではないか。だからこそ、

ティアマトは腹を立てたのだ。ティアマトの心をなだめるしかない」

そしてアンシャルは息子のひとりアヌに、ティアマトの心をなだめてくるよう命じました。アヌはティアマトのところへ出かけましたが、ティアマトとその仲間がいきり立っているのを見て、どうしてよいかわからず、何もしないでアンシャルのもとへもどってきました。

アンシャルは困惑し、考えこんでしまいました。アヌンナキの神々も集まってきて、どうしたらよいかわからず、黙りこくっていました。だれもが、ティアマトとその仲間、とりわけ怪物たちには立ちむかえそうにないと考え、アンシャルの決定を待っていました。

アンシャルはしばらく考えこんだのちに、言うには、

「この危機を乗り切ることができるもの、それはマルドゥークをおいてほかにない！」

エアはなるほどと思い、息子マルドゥークを呼び、祖父アンシャルの言うことをきいてくれるよう頼みました。

マルドゥークは、父神の頼みをよろこび、さっそく曽祖父アンシャルのところへ出かけました。アンシャルはマルドゥークを見てよろこび、彼を身近に引きよせました。

マルドゥークが言うには、

「祖父神よ、どうしたのですか。なにを心配しているのですか。だれがあなたにむかって戦いをいどんできたのですか。祖父神よ、ご安心ください。わたしがおたすけします」

アンシャルが言うには、

「おまえの力ある呪文で、母神ティアマトの怒りをしずめよ。嵐にのって進み、ティアマトをうちこらしめてくれ」

マルドゥークは曽祖父神のことばによろこび、これこそ力をためし、天上界で勢力をうる機会と考えて言うには、

「神々の主よ、もしわたしがティアマトをとらえ、あなたがたの命をおたすけできたならば、神々の集まりをひらき、わたしに〈天命〉を授けてください。それによってわたしは、神々の集会で最高の位置につき、わたしの命令は至上のものとなるように！」

3

マルドゥークの頼みをきいてアンシャルは家来のガガを呼び、父母神ラフムとラハ

ムのもとに使者として行ってくれるよう命じました。

「おまえはラフムとラハムのところへ行き、それから他の神々をみんな集めてもらいたい。

それから宴会をひらき、みんなに食べたり飲んだりしてもらおう。

それからマルドゥークのために〈天命〉を与えることを決めてもらおう。

だからおまえは、神々に次のように伝えるのだ。

母神ティアマトが立腹し、戦いを用意しております。彼らはムシュマッヘー、バシュム、ムシュフッシュ、ラハム、ウガルルム、ウリディンム、ギルタブリル、烈しい嵐、クリール、野牛などの怪物をつくり出しました。

女神ティアマトは、息子たちのなかからキングを選び、彼らの軍隊の司令官に任じました。

彼女はキングに〈天命の書板〉を与え、すべての神々の上に立たせました。

わたしはティアマトをなだめるため、アヌ神をつかわしましたが、アヌ神はティアマトのまえに出ることができませんでした。

それからマルドゥークがやってきて、かしこいティアマトと戦うために、神々の集会において〈天命〉を授けてくれるよう頼みました。ですからみなさん集まって、彼に〈天命〉を授けてください、と」

ガガは出かけていき、ラフムとラハムに会い、アンシャルに伝えるよう命じられたことを正確に復唱しました。

これをきいてラフムとラハムは大声をあげ、ティアマトを非難し、いそいでアンシャルのもとにやってきました。

その他の神々も、アンシャルのところへやってきたので、神々の集まりの間《ま》はいっぱいになりました。

それから宴会がはじまり、神々は席につき、食べたり飲んだりしました。長い筒でかめの底のほうから甘い酒を飲み、彼らはおなかをいっぱいにしました。こうして上機嫌になった神々は、マルドゥークに〈天命〉を授け、神々の支配者になることを認めることにしました。

4

神々は座をあらため、マルドゥークに対して言うには、

「なんじは神々のなかで最も尊敬されている者であり、なんじの命令は最高のもので

ある。神々の聖殿のなかに、なんじの御座所（バビロンのエ・サギラ神殿の奥殿）が永久におかれるであろう。マルドゥークよ、なんじはわれらの仇をうつ者だ。なんじにすべての権力をゆだねる。なんじのことばはつねに最高の力をもち、なんじの武器はつねに敵をうちたおすであろう」

それから神々はマルドゥークの力をためすために、天にしるしをおき、マルドゥークに、これを一たび消して、ふたたび現わすよう命じました。

マルドゥークが呪文を発すると、天のしるしは消え去り、またも呪文を発すると、そのしるしがふたたび現われました。神々はよろこびにわき、マルドゥークを王として認め、彼を祝福しました。

それから神々はマルドゥークに王のしるしの品物を渡し、言うには、

「さあ行って、ティアマトを倒してくるがよい」

マルドゥークは、弓と矢および三つ股の鉾《ほこ》をとり、いなずまと燃える炎をとり、またティアマトを捕らえるための網を手に持ちました。

それからマルドゥークは、東西南北の四つの風、砂嵐や雷雨のような七つの恐ろし

い風を用意しました。

マルドゥークは四種類の嵐の怪物がひく車にのり、口に呪文を唱えながら進んで行きます。彼は鎧《よろい》と長衣を身につけ、頭からは光を発し、四頭の嵐の怪物は口から泡をはき、見るからに恐ろしい光景でした。

マルドゥークは女神ティアマトと腹心のキングに近づくと、歩みをゆるめてそのようすを探りました。キングはどぎまぎし、逃げ腰になりました。ティアマトはマルドゥークのほうを見ようともせず、呪文をあびせてきました。そして言うには、

「神々はおまえと対抗するため集まっている。神々がおまえにその地位をゆずるわけはない」

マルドゥークが返事して言うには、

「愛をもつべきものが、殺意をもつのか。〈天命〉を受ける資格のないキングを最高の位置につけ、神々の主アンシャルに手向かうのか。さあ、われわれは戦おう」

このことばにティアマトは我を忘れ、正気を失いました。両者は呪文を投げあい、戦いがはじまりました。

マルドゥークが網を張り、恐ろしい風をティアマトに向けて放つと、ティアマトはこれをのみこもうと口を開きます。荒れ狂う風はティアマトの腹中に入り、これを大きくふくらませました。マルドゥークは矢をティアマトの腹めがけて放つと、腹がやぶれ、矢は心臓にあたり、ティアマトは倒れました。

女神ティアマトが殺されると、その仲間は恐れおののき、戦うこともしないでみんなマルドゥークの網に封じこめられてしまいました。ティアマトがつくり出した怪物たちも、すべて捕らえられ、鼻綱を通されて閉じこめられました。彼らの司令官キングもしばり上げられ、マルドゥークは彼から〈天命の書板〉を取り上げて、自分の身につけました。

さてそれからマルドゥークは、大女神ティアマトの大きな死骸を眺め、まず頭蓋骨を打ちくだき、それから体を二つに切り裂き、一つを天上にもち上げて、天として張りめぐらしました。海の女神ティアマトの体には大量の塩水がふくまれているので、マルドゥークは番人をおき、大雨にならないように水の流出を監視させることにしました。

次にマルドゥークは、ここに天の大神殿エ・シャラを建てさせ、三柱の大神アヌとエンリルとエアを、それぞれ適した場所に住まわせました。つまり天、空（大気）、アプスー（天水）がそれです。

5

それからマルドゥークは、天体をつくり出して天におきました。

まず彼は、天に神々の似姿としての星々と星座をおき、一年をさだめ、十二の月にそれぞれ三つずつ、つまりすべてで三十六の星座を定めました。

それから天にアヌの道、エンリルの道、エアの道の三つの領域を設け、天の東には太陽の入口、西には出口をつくりました。

次にはティアマトの体からつくった天の内側に月神シンをおき、夜のかざりとしました。

月神シンは、月のはじめには冠の形をし、だんだん角《つの》の形になり、満月のときには太陽神シャマシュと向かいあいになり、また欠けて元にもどります。月神シンがふたたび太陽神シャマシュと向き合いになるのは、二十九日目です。

次にマルドゥークは、太陽神シャマシュが進むべき道を設けました。

それからマルドゥークはティアマトの水分を集めて雲をつくり、雨や霧もつくりました。

次には、ティアマトの頭をとり、これで山をつくり出し、地下水から川を流れ出させました。またティアマトの両眼からは、ブラヌン（ユーフラテス）川とイディグラト（ティグリス）川が流れ出るようにしました。

ティアマトの乳房だったところからは、特別に大きな山をつくり、そこからは豊かな水が湧き出るようにしました。

マルドゥークは、ティアマトの尾の部分（ティアマトは大きな竜でもあった）を天の〈結び目〉につなぎ、次にティアマトの下半身で地をつくりました。

こうして天と地の創造がすむと、マルドゥークは地上に聖殿を建てて祭式を定め、キングから取り上げた〈天命の書板〉をアヌ神にもどしました。

それからティアマトに味方した神々と、ティアマトがつくり出した怪物たちを処罰し、彼らの武器を打ちくだきました。

マルドゥーク側の神々、すなわちラフムとラハム、アンシャル、アヌ、エンリル、エア、そして彼の母親ダムキナたちは大いに喜び、マルドゥークにお祝いの贈りものをもってきました。

天の神々はすべて集まり、マルドゥークのまえに平伏し、これこそわれらの王と叫びました。

マルドゥークは正装し、王のしるしである品物を身につけて玉座にのぼり、正式に神々の王となりました。

マルドゥークの両親エアとダムキナの呼びかけに応じて、神々が口をそろえて叫ぶには、

「マルドゥークこそ、天と地の神々の王。われわれの聖所の守り手とならんことを。何ごとにせよ、われらに命令されよ」

マルドゥークが口を開き、言うには、

「あなたがたの住む神殿エ・シャラに対して、下界にも立派な神殿を造営したい。そこに祭式の場をつくり、わたしの王権を末永いものにしたい。神々が集会にやってくるとき、そこは神々の安らぎの場となることだろう。

わたしはそこをバーブ・イル（神の門。バビロン）と名づけることにしよう」

これに対して神々が言うには、

「天地の神々の王よ、われらに生命を与える者よ。知恵の神エアがそれを考え、われらは下働きとなろう」

6

マルドゥークは神々のことばをきき、しばらく考えてから口を開いて言うには、

「わたしは神の血から骨をつくり、最初のアメール、すなわち人間をつくり出そうと思う。

その人間は、神々のために下働きとなるのだ。他方、神々は上界に属するものと、下界に属するものに分かれ、尊敬されることになろう」

マルドゥークがこれらのことを言うと、エア神が答えて言うには、

「ティアマト側の神々のなかからだれかを選んで、人間をつくり出したらよいでしょう。神々を集め、罪あるものを選び出し、あとの者は許すことにしましょう」

マルドゥークが神々を集め、すべての神々に向かって口を開き言うには、

「わたしに正しいことを言ってくれたまえ。ティアマトをそそのかし、戦いをひき起こした者はだれか。その者を引き渡せば、他の者たちは許されるだろう」

このことばを聞いた神々が、天地の神々の王、今や主君であるマルドゥークに答えて言うには、

「ティアマトをそそのかし、戦いをひき起こしたのはキングだ」

キングが連れてこられ、彼の血管が切られ、流れ出る血から最初の人間たちがつくられました。人間たちはわけがわからぬままに、マルドゥークの細かな考えに従って、神殿の建設にたずさわることになります。

マルドゥークは、そのことばどおり、神々の居場所を上界と下界に分けることにし、上界に三百柱、下界に三百柱、あわせて六百柱の居場所を決めました。

神々が口を開いてマルドゥークに言うには、

「われらの主よ、ありがとうございました。われらはこれから、安息のための聖所をつくることにいたします」

マルドゥークがこれを聞いてよろこんで言うには、

「そうだ、バーブ・イル（バビロン）を建てて、プラック（聖所）と名づけるがよい」

すべての神々は働きはじめ、一年目には煉瓦をつくり、二年目にはエ・サギラ神殿を築きあげました。またジッグラト（いわゆるバベルの塔）を天高く築きあげ、そこにマルドゥーク、エンリル、エアの神殿を設けました。

エ・サギラ神殿ができ上がると、次にはすべての神々が自分の聖所を建て、それからマルドゥークは祝宴を開いて父祖の大神たちを招きました。

ここで彼が言うには、

「これはあなたがたのバーブ・イル（神の門）です。さあ、祝宴の席について、大いに楽しんでください」

大神たちは席について酒を飲み、歌をうたい、楽しみました。

それからエ・サギラ神殿で祭式が行なわれ、あらゆるお告げが決められ、すべての神々の役割が定められました。

マルドゥークは、彼が念入りに仕上げた弓をとり、これを大神たちに見せました。

アヌ神がそれを手にとり、神々たちに向かって言うには、

「これはわたしの娘、その名は〈背高き木〉、〈征服者〉、そして〈弓星〉であり、わたしはこれを天空に輝かせよう」

そしてアヌは神々と相談し、これを天空のどこにおくかを決めました。


大神たちはマルドゥークをほめたたえ、彼を天と地の神々の主と定めました。アンシャルが言うには、

「主の命令には上界でも下界でも従順を。

主の支配は最高のものたらんことを。

主の功績は語りつがれるべし。

主の父祖たちに絶えない供物を。

人間たちが主をかしこみおそれることを。

奴隷たちが神を忘れぬことを。

神と女神に供物が捧げられんことを。

彼らが神々の地をすぐれたものとせんことを。

人間たちが神々に仕えんことを」

そして言うには、

「さあ、主を五十の名で呼ぼう」

そして、次のような五十の名でマルドゥークを呼び、ほめたたえました。

マルドゥーク　マルッカ　マルトゥック　バラシャクシュ　ルガルディメルアンキア
ナリルガルディメルアンキア　アサルヒ　ナムティラク　ナムル　アサル　アサルア
リム　アサルアリムヌンナ　トゥトゥ　ジウキンナ　ジクグ　アガク　トゥク　シャ
ズ　ジシ　スフリム　スフグリム　ザハリム　ザハグリム　エンビルル　エパドゥン
ダガル　ヘガル　シルシル　マラハ　ギル　ギルマ　アギルマ　ズルム　ムンムズ
ルムン　ギシュヌムンアブ　ルガルアブドゥブル　パガルグェンナ　ルガルドゥルマ
ハ　アラヌンナ　ドゥムドゥク　ルガルランナ　ルガルウガ　イルキング　キンマ
エシズクル　ギビル　アッドゥ　アシャル　ネビル

Ⅱ　タンムーズ神話

イナンナ・ドゥムジの神話（シュメール）

女神イナンナは金星神であり、同時に愛と豊饒の女神です。彼女は天界の聖堂にいましたが、地下界に下っていく決心をしました。その理由ははっきりはわかりませんが、すでに地下界に下っている夫ドゥムジを追っていくことにしたようです。

＊

天の神が地下界へ下るためには、いろいろな準備が必要でした。まず、いろいろな神殿で女神がもっている地位をしりぞくことが必要で、彼女はウルク、バドティビラ、ザバラム、アダブ、ニップル、キシュ、アッカドの各都市にある神殿にわかれを告げました。

それから女神イナンナは、身をかざり始めました。まずシュガルラと呼ばれる王冠をかぶり、ラピスラズリの首飾りをつけ、黄金の腕環《うでわ》をはめました。衣服は貴婦人用の長衣で、これに香水をふりかけました。

それから女神は、小間使いの女神ニンシュブルを呼んで言うには、

「私はこれから地下界へ下っていきます。私が地下界についたころに、あなたは神々の住まいを訪ね歩き、私が地下界でひどい目に遭ったり、殺されることがないように、大神たちに助けを求めなさい。

ウルのエンリル神、エキシュヌガルのナンナル神、エリドゥのエンキ神に、このことを頼みなさい。

大神たちのまえでは、涙をながし、ことばをつくして、助けを求めなさい」

それから女神イナンナは、地下界の入口へと進んでいきました。そこには地下界の番人ネティがいて、近づく者を見張っています。

女神イナンナが門番ネティに言うには、

「門をあけよ、門番よ、門をあけよ」

門番ネティは、門のところにいるのが天界の女神イナンナであることを知り、彼女に向かって言うには、

「お待ちください。女神イナンナよ、地下界の女王エレシュキガル（イナンナの姉にあたる）に許しをいただいてきますから」

地下界の番人ネティは、女王エレシュキガルのもとへ行き、女神イナンナが王冠をつけ、いろいろの飾りものを身に帯びて地下界の入口にやってきていることを伝えました。

エレシュキガルは妹イナンナと仲がよくないので、この知らせに腹を立てましたが、断わる理由もないのでしぶしぶ地下界に入ることを承知しました。しかし、それには一つの条件がつけられていました。

彼女が番人ネティに言うには、

「番人ネティよ、よくお聴きなさい。

おまえは地下界の七つの門を、私の妹、女神イナンナのために開けてやりなさい。

しかし、一つの門に入るたびに、身につけている飾りや衣服を彼女から取り去りな

さい。これが地下界のおきてです」

女神イナンナが、地下界の第一の門に入ると、彼女の王冠が持ち去られました。

「これはどういうことなのです」と詰問する女神にむかって門番が言うには、

「これが地下界のおきてなのです、女神イナンナよ。おきてには従わねばなりません」

女神が第二の門に入ると、彼女の杖《つえ》が持ち去られました。

「これはどういうことなのです」と詰問する女神にむかって門番が言うには、

「これが地下界のおきてなのです、女神イナンナよ。おきてには従わねばなりません」

女神が第三の門に入ると、彼女のラピスラズリの首飾りが持ち去られました。

「これはどういうことなのです」と詰問する女神にむかって門番が言うには、

「これが地下界のおきてなのです、女神イナンナよ。おきてには従わねばなりません」

女神が第四の門に入ると、彼女のペンダントが持ち去られました。

「これはどういうことなのです」と詰問する女神にむかって門番が言うには、

「これが地下界のおきてなのです、女神イナンナよ。おきてには従わねばなりません」

女神が第五の門に入ると、彼女の黄金の腕環が持ち去られました。

「これはどういうことなのです」と詰問する女神にむかって門番が言うには、

「これが地下界のおきてなのです、女神イナンナよ。おきてには従わねばなりません」

女神が第六の門に入ると、彼女の胸飾りが持ち去られました。

「これはどういうことなのです」と詰問する女神にむかって門番が言うには、

「これが地下界のおきてなのです、女神イナンナよ。おきてには従わねばなりません」

女神が第七の門に入ると、彼女の衣服が持ち去られました。

「これはどういうことなのです」と詰問する女神にむかって門番が言うには、

「これが地下界のおきてなのです、女神イナンナよ。おきてには従わねばなりません。人間はすはだかでここへやってくるのです」

こうしてすはだかにされた女神イナンナは、地下界の宮殿に連れていかれました。宮殿の玉座には、イナンナの姉エレシュキガルが座っており、そのまわりには七人の地下界の神々がひかえていました。

女神イナンナは、地下界へ下ってきたという理由で裁判にかけられ、七人の神々とエレシュキガルによって有罪を宣告されました。

地下界の女王エレシュキガルが、妹イナンナに冷たい目をむけ、死の判決を口から発したとたんに、女神イナンナの魂はとび去り、死体となってその場に倒れました。イナンナの死体は宮殿の壁につり下げられました。

イナンナが地下界の入口へと向かって三日三晩たったころ、女神の小間使いニンシュブルは大神たちのもとに行き、主人の女神イナンナが地下界へ行ったことを伝え、彼女を助けてくれるよう訴えました。

まずエクル神殿でエンリル大神に会い、その娘である女神イナンナを助けるよう求めましたが、エンリル神はイナンナの勝手なふるまいを非難し、訴えを聴き入れません。

次にニンシュブルはウル市にあるエキシュヌガル神殿でナンナル神に会って、同じことを訴えましたが、ナンナル神もエンリル神と同じことを言い、訴えを聴き入れません。

次に彼女は、エリドゥ市（エンキ神の神殿がある）へ行ってエンキ神に同じことを訴えました。エンキ神は女神イナンナの運命を心配し、イナンナを救い出すことを考えてくれました。

彼はまず爪の垢《あか》からクルガルラとガラトゥルという二人の人物をつくり出しましたが、これらは一種の神官です。そしてクルガルラには〈命の食べ物〉を、ガラトゥルには〈命の水〉を渡して言うには、

「おまえたちは、地下界へ行って、まず病いで苦しんでいるエレシュキガルを治してやりなさい。そしてエレシュキガルがそのお礼に川の水か畑の大麦をくれるといったら、それを断り、壁にかけられているイナンナの死体をゆずり受けなさい。

そして〈命の食べ物〉と〈命の水〉を死体にふりかければ、女神イナンナは立ち上がるであろう」

クルガルラとガラトゥルはエンキ神のことばを聴き、〈命の食べ物〉と〈命の水〉をもって急いで地下界へ下っていきました。

彼らは病床にある地下界の女王エレシュキガルを見て、その病いを治してやりました。エレシュキガルは二人に、川の水と畑の大麦を贈ろうとしましたが、二人はこれを受け取らず、壁にかけられている女神イナンナの死体を求めました。

エレシュキガルはこれを承知し、イナンナの死体は壁から外されてクルガルラとガラトゥルに渡されました。

二人が〈命の食べ物〉と〈命の水〉をイナンナの死体にふりかけますと、イナンナはよみがえり、立ち上がりました。

さて、女神イナンナが、このいまわしい地下界から地上へ去ろうとすると、地下界の神々がイナンナに言うには、

「イナンナよ、地下界から地上にもどるためには、代わりの者をひとりここに連れて

こなければだめだ」

そこで女神イナンナは、だれか代わりの者を引き渡すことを約束し、地上へ昇っていきました。その代わりの者を地下界へ連れていくために、精霊のガルラたちが何人か、女神イナンナについて地上へ昇っていきました。

地上では、喪服を着た小間使いニンシュブルが生きかえった女神イナンナを見て、足許《あしもと》に身を投げ出して喜びました。

精霊たちはニンシュブルを代わりの者として地下界へ連れていこうとしましたが、女神イナンナはこれをおしとどめて言うには、

「彼女はわたくしのために、大神たちを訪ね歩いて、わたくしを助けるよう計らってくれたのです。彼女を引き渡すわけにはいきませんよ」

次にウンマ市のシグクルシャッガ神殿へ行きますと、喪服を着たシャラ神が、生きかえった女神イナンナを見て、足許に身を投げ出して喜びました。

精霊たちはシャラ神を代わりの者として地下界へ連れていこうとしましたが、女神イナンナはこれをおしとどめて言うには、

「彼はわたくしのために歌をうたう者、わたくしの髪の毛をととのえてくれる人です。彼を引き渡すわけにはいきませんよ」

次にバドティビラ市へ行きますと、喪服を着た主神ラタラクが、生きかえった女神イナンナを見て、足許に身を投げ出して喜びました。

精霊たちはラタラク神を代わりの者として地下界へ連れていこうとしましたが、女神イナンナはこれをおしとどめて言うには、

「彼はわたくしのそばに仕える宰相です。彼を引き渡すわけにはいきませんよ」

次にクラブの原へ行きますと、女神イナンナの夫である若い牧神のドゥムジは喪服をつけず、立派な衣服を着て楽しそうにしていました。イナンナは、自分がつらい目に遭っているのに悲しみを示していない夫ドゥムジを見るなり、怒り狂って言うには、

「精霊たちよ、あのドゥムジを地下界へ連れていくがよい」

精霊たちはドゥムジにとびかかり、ドゥムジをつかまえました。ドゥムジは怖れ、天にむけて両手を上げ、太陽神ウトゥに祈って言うには、

「太陽神ウトゥよ、あなたの身内の者である女神イナンナの夫を助けたまえ。わたしの姿を変えて、地下界の精霊ガルラたちから救ってください。わたしをわたしの姉ゲシュティンアンナのところへ行けるようにしてください」

太陽神ウトゥは若者ドゥムジの運命をあわれみ、彼の姿を蛇に変えて逃げられるようにしてやり、彼の姉ゲシュティンアンナのところへと導きました。ドゥムジの姉で、天のぶどうの樹《き》の神であるゲシュティンアンナは、傷ついた弟を見て嘆き、また精霊ガルラたちに追われていることを知って彼をかくまいました。

他方、精霊ガルラたちは、逃げてしまったドゥムジを追って八方さがしまわり、ついにゲシュティンアンナのもとまで来て、彼女をひどい目に遭わせ、彼女の家のなかをさがしまわりましたが、ドゥムジを見つけることはできませんでした。次に精霊たちは、野原の羊小屋をさがして、ここにひそんでいたドゥムジを捕まえ、ついに地下界に連れ去りました。

＊

ここから先は、残されている粘土書板がきわめて断片的で、あまりよくわかりません。しかし他の作品のなかの記述などから推定しますと、ドゥムジはけっきょく地下界で有力な神となりますが、姉のゲシュティンアンナは弟をさがし求めて各地をさまよい歩きます。そしてついにゲシュティンアンナは地下界で弟ドゥムジと再会しますが、どちらかが地下界にいなければならないので、姉と弟は一年の半分ずつ、つまり夏季と冬季を交替で地下界にいることにしたようです。

イシュタル・タンムーズの神話（アッカド）

シュメールの女神イナンナは、アッカド人のもとで名を変えてイシュタルとなります。以下に取りあげるのは、『イシュタルの地下界下降』と呼ばれている計一三八行のわりあい短い粘土書板の内容ですが、読者はすぐに、これは前節で取りあげたシュメールの「イナンナ・ドゥムジの神話」の一部にそっくりだということに気がつかれると思います。そうです。これはシュメール語の文章をほとんどそのままアッカド語に訳したといってもよいようなものなので、あまり新しみがないと感じるかもしれません。ただ、女神イシュタルが地下界に下った理由は、ここではシュメールの場合と異なっているように思われるのです。また、長い神話のなかのこの部分だけがアッカド語版として残されていることにも、何かの理由があるようです。

ました。

＊

月神シンの娘イシュタルは、姉の女王エレシュキガルが支配する地下界へ下る決心をしました。

地下界はここでは、〈暗黒の家〉、〈入るものは出ることのない家〉、〈住む者は光をうばわれる家〉と呼ばれており、そこへ行く道は〈歩みゆく者はもどることのない道〉と記されています。死者はそこでは、鳥のようにつばさのついた衣服を着て、ほこりと粘土を食べ、光のない暗やみのなかで住んでいます。

女神イシュタルは地下界の門に近づき、門番に言うには、

「門番よ、門をひらきなさい。

もしわたくしを入れてくれないならば、戸を打ちやぶり、かんぬきを打ちこわします。死者を立ち上がらせ、生者より死者が増えるようにしてやります」

このことばに門番はおそれをなし、地下界の女王エレシュキガルにこのことを伝えました。

女王エレシュキガルの顔は青ざめ、苦々しそうに言うには、

「なんのために彼女はここへやってくるのだろうか。地下界に下っただれかのためにやってくるのだろうか。

番人よ、行って彼女のために門をひらきなさい。古いしきたりに従って、彼女をむかえなさい」

番人は女神イシュタルが待っている地下界の入口へもどり、言うには、

「お入りください、女神さま。地下界はあなたさまを歓迎するでしょう」

イシュタルが第一の門に入ると、番人は女神の大王冠を持ち去りました。

イシュタルが言うには、

「番人よ、なぜわたくしの大王冠を持ち去るのですか」

番人が答えて言うには、

「女神さま、これが地下界のおきてなのです」

イシュタルが第二の門に入ると、番人は女神の耳飾りを持ち去りました。

イシュタルが言うには、

「番人よ、なぜわたくしの耳飾りを持ち去るのですか」

番人が答えて言うには、

「女神さま、これが地下界のおきてなのです」


イシュタルが第三の門に入ると、番人は女神の首飾りを持ち去りました。

イシュタルが言うには、

「番人よ、なぜわたくしの首飾りを持ち去るのですか」

番人が答えて言うには、

「女神さま、これが地下界のおきてなのです」


イシュタルが第四の門に入ると、番人は女神の胸飾りを持ち去りました。

イシュタルが言うには、

「番人よ、なぜわたくしの胸飾りを持ち去るのですか」

番人が答えて言うには、

「女神さま、これが地下界のおきてなのです」

イシュタルが第五の門に入ると、番人は女神の腰帯を持ち去りました。

イシュタルが言うには、

「番人よ、なぜわたくしの腰帯を持ち去るのですか」

番人が答えて言うには、

「女神さま、これが地下界のおきてなのです」


イシュタルが第六の門に入ると、番人は女神の腕環と足環を持ち去りました。

イシュタルが言うには、

「番人よ、なぜわたくしの腕環と足環を持ち去るのですか」

番人が答えて言うには、

「女神さま、これが地下界のおきてなのです」


イシュタルが第七の門に入ると、番人は女神の体の腰布を持ち去りました。

イシュタルが言うには、

「番人よ、なぜわたくしの体の腰布を持ち去るのですか」

番人が答えて言うには、

「女神さま、これが地下界のおきてなのです」

こうして女神イシュタルは、すはだかにされて地下界の宮殿に到着しました。地下界の女王で、イシュタルの姉であるエレシュキガルは、気むずかしい顔をして玉座に座っていましたが、妹の女神が近づいてくるのを見て、腹を立てて侍従のナムタルを呼びつけました。

エレシュキガルがナムタルに言うには、

「ナムタルよ、女神イシュタルを宮殿の奥室に連れていって閉じこめなさい。それから、女神イシュタルに向けて、恐ろしい六十の悪霊を襲わせなさい。彼女の目が病気になるように、腹が病気になるように、足が病気になるように、心臓が病気になるように、頭が病気になるように、彼女のあらゆるところが病気になるように、彼女の全身にむけて、悪霊を放ちなさい」

こうして女神イシュタルが地下界で病気になると、地上の世界では、すべての生き物が繁殖しなくなり、植物は繁《しげ》らなくなり、人間たちもすっかり元気がなくなってしまいました。

神々の侍従であるパプスッカルは、地上界がすっかり活気を失い、神々への捧《ささ》げ物も少なくなり、人間たちの神々への奉仕が中止されてしまったことに困惑し、月神シンのまえに出てこのことを訴えました。

神々の集まりであるアヌンナキでは、このことで神々が相談をし、結局いつものように知恵の神であるエアが女神イシュタルを助けることを頼まれたようです。知恵をつかさどるエアは、心のうちに姿を思い浮かべて、使者アスシュナミルを創り出しました。

それからエアがアスシュナミルに言うには、

「アスシュナミルよ、地下界へ出かけなさい。

地下界の七つの門は、おまえが行くと開かれることになっている。地下界の女王エレシュキガルは、おまえが近づくと喜ぶだろう。それから彼女に、大神たちの名を呼んで呪文をかけなさい。そうすれば彼女の気持はしずまり、おだやかになるだろう。

それから、彼女のそばにおいてあるスハルジク（命の水を入れてある袋）を指さして、そのなかの水が飲みたいと言いなさい。彼女はそれを断わるかもしれないが、何とか口実をもうけて、それを受け取り、死にかけている女神イシュタルにそれを注げば、女神は生きかえるだろう」

そこでアスシュナミルは、地下界に向けて出発し、七つの門を通って女王エレシュキガルのもとに姿を現わしました。

エレシュキガルは知恵の神エアの使者の訪問を喜びましたが、アスシュナミルがスハルジクを指さし、そのなかの水を飲ませてほしいと言うと、怒り出して言うには、

「おまえは言うべきでないことを口にするのだね。わたくしはおまえに、大きな呪いをかけてやろう。おまえはこれから、どぶのなかに住み、人びとの侮りを受けるのです」

＊

しかしエアの使者アスシュナミルは、知恵の神エアから授けられたとっておきの計略を用いて、地下界の女王エレシュキガルの考えを変えさせたようです。エレシュキガルはとつぜん、女神イシュタルを助ける気になりました。

エレシュキガルが侍従ナムタルに向かって言うには、

「ナムタルよ、エガルギナ（裁判の間）をかざりたてて、大神たちを黄金の玉座にお

連れしなさい」

これは、神々の裁判をもう一度やりなおし、女神イシュタルの有罪判決を取り消して、地上の世界へもどることを許すためだったかもしれません。女王エレシュキガルは、つづけて侍従ナムタルに、スハルジクに入っている命の水を女神イシュタルにふりかけ、地上へ帰してやるように命じています。

ナムタルはエレシュキガルの命令通りにことを行ない、女神イシュタルを、今度は地下界から見て第一の門から第七の門まで案内していきました。

＊

第一の門を通らせてから、ナムタルは女神に腰布をかえしました。

第二の門を通らせてから、ナムタルは女神に腕環と足環をかえしました。

第三の門を通らせてから、ナムタルは女神に腰帯をかえしました。

第四の門を通らせてから、ナムタルは女神に胸飾りをかえしました。

第五の門を通らせてから、ナムタルは女神に首飾りをかえしました。

第六の門を通らせてから、ナムタルは女神に耳飾りをかえしました。

第七の門を通らせてから、ナムタルは女神に大王冠をかえしました。

＊

以上でアッカド語版のこの神話の本文は終わり（一二五行目まで）ですが、このあと十三行は本文に関係のないつけたしとなっています。しかしこのなかに、女神イシュタルの「若い時の恋人」として、タンムーズ神の名が二度出てくること、この神がまた「ただひとりの兄弟」と書かれていることからも、この神話がイシュタルとタンムーズ（シュメール神話のイナンナとドゥムジ）を主人公としていることは間違いありません。

しかし、シュメール神話ではドゥムジはイナンナによって地下界での身代わりとされてしまいますが、アッカド神話では、地下界に身をかくしたタンムーズ神（植物が冬に姿を消すことを示す）を追って地下界に行ったことを表わしていると思われます。

テリピヌの神話（ヒッタイト）

嵐神テシュプの息子テリピヌ（シュメールのドゥムジ、アッカドのタンムーズと同系統の豊饒神でもある）は、あるときどういう理由でか、地上から姿を消しました。テリピヌは、とても急いで遠方へ行ってしまいましたが、この神がいなくなると、地上では困ったことが起こりました。人間にも動物にも子どもができなくなり、樹や草は枯れ、穀物も実らなくなってしまったのです。

人間たちは食べるものがなくなり、飢えに苦しみ出しました。人間たちは神々の助けを求めて、残っている少しばかりの食べ物と水を供えましたが、神々はそのわずかな食べ物と水に満足しませんでした。

テリピヌの父である嵐神は、行方がわからなくなった息子のことを心配して言うには、

「わが子テリピヌよ、おまえはどこにいるのか。おまえはなにを怒って、すべてのものを持ち去ったのか」

すべての神々、年老いた神も若い神も集まり、テリピヌ神を見つけ出す手段を考えました。

太陽神が鷲《わし》を呼びよせて言うには、

「おまえは天をとび、山や谷間、そして海や湖の底を調べてきなさい」

鷲はすぐ天をとび、あちこちさがしまわりましたが、テリピヌ神を見つけ出すことはできませんでした。

鷲はもどってきて、太陽神に、探索が失敗に終わったことを報告しました。

テリピヌの父である嵐神は困惑し、母であるハンナハンナ女神（シュメールの女神ニン・トゥにあたる）にむかって言うには、

「ハンナハンナよ、どうしたらよかろう。このままほっておくと、神々も人びとも飢え死にしてしまうだろう」

女神ハンナハンナが夫である嵐神に答えて言うには、

「あなた自身が、息子テリピヌをさがしに行くしかありません」

そこで嵐神は、自身で息子テリピヌをさがしに出かけました。彼ははるばる遠方へ行き、一つの城を見つけ、そこにテリピヌがいるだろうと考えて、入口に向かいました。しかし扉が固く閉ざされているので、嵐をふき起こし、扉のかんぬきを打ちこわしてなかに入りました。しかし、テリピヌを見つけることはできませんでした（実はテリピヌは、その城の奥庭の、人が入りこまない片隅の木陰にいたのかもしれないのですが）。

嵐神は妻の女神ハンナハンナのもとにもどり、テリピヌが見つからなかったことを告げました。

そこで女神ハンナハンナは、とっておきの手段によることにしました。彼女は何匹もの、いや何百匹、何千匹もの蜂を呼びよせ、そして言うには、

「おまえたちは、体が小さく、身が軽く、進むこと光のように速いから、きっとテリピヌ神を見つけ出すことができるでしょう。さあ、行きなさい」

女神ハンナハンナの命令を承知した蜂たちは、いっせいに遠方にとんでゆき、間もなくテリピヌが身をひそめているかくれ家を見つけ出し、ふつうの人間や動物が通りぬけられないような小穴から侵入し、眠っているテリピヌを見つけ出したようです。

蜂たちはつぎつぎにテリピヌを針でさしたので、テリピヌはとび上がって怒り出しました。

はるかかなたでこのことを知った大神たちは、今度はテリピヌをひどく怒らせてしまったことを後悔し、その心をなだめるために、ナツメヤシ、オリーヴ、ぶどう酒、ビールなどを供え、また香油をふりそそいで、テリピヌの痛みを減らそうとしました。それでもテリピヌは怒り狂い、またその痛みもいっこうに減りませんでした。そこで女神カムルシェパは鷲を呼んで言うには、

「おまえは、その翼をばたばたやって、テリピヌの痛みをやわらげてやりなさい」

また女神カムルシェパは、神々の侍従ハパンタリ神にむかって言うには、

「十二頭の羊を連れてきて、その羊の血を注いでテリピヌに捧げなさい」

そして女神自身、テリピヌが横たわり、怒り狂っているところまで出かけていき、呪文を唱えてテリピヌの怒りをなだめました。

こうしてテリピヌの怒りはなだめられ、テリピヌは遠い道のりを逆にたどって、もといたところへもどってきました。

神々はハタルキシュナの大木のもとに集まり、テリピヌがもどってきたことをよろ

こび、テリピヌのために新たに館を建てることを決めました。それは七つの扉のついた立派な建物で、中庭と高い屋根、そして天井には明かりとりがつけられていました。テリピヌ神はよろこんでこの館に住まうようになりましたが、本当のところは、テリピヌ神が二度と遠いところへ行ってしまわないように、七つの扉でしっかり閉じこめられてしまったのです。

テリピヌがもどってきたので、地上にはよろこびがもどりました。かまどでは火が燃え、羊や牛たちも子を産むようになり、ふたたび豊作の日々がやってきました。

III　ギルガメシュ神話

ギルガメシュ叙事詩（アッカド）

南メソポタミアのウルクの都城でギルガメシュが誕生したとき、神々はこれを祝福し、彼を人並み以上のものとすることに決めました。

太陽神シャマシュは彼に美しい姿をさずけ、嵐神アダドは彼に男らしさを与え、神々は彼を、その三分の二は神、三分の一は人間ということにしたのでした。

立派に成人してウルクの城主となったギルガメシュは、自分の力を自慢し、家来や市民たちに乱暴をはたらくようになりました。ギルガメシュは、ウルクの父親たちから息子をうばいとって家来とし、母親たちからは娘をうばいとって宮殿に入れるのでした。

ウルクの市民たちは、ついに我慢できなくなり、みんなが集まって天神アヌにこの苦しみを訴えました。

天神アヌはこれを聴きいれ、それから創造の女神アルルを呼んで命じました。

「あなたはまえに人間を創ったが、こんどは、ギルガメシュと力が等しいような雄々しい者を創り出しなさい。そしてギルガメシュと戦わせるのです。ウルクの都城が平和になるように」

女神アルルは承知し、手を洗い、心のなかにアヌ神の姿を思い浮かべながら、粘土で山男をつくり上げました。女神はこれにエンキドゥという名を与え、戦いの神ニヌルタがこれに力を授けました。

エンキドゥは全体が毛におおわれ、獣のようでした。

彼はウルクの近くの野原におかれ、カモシカたちと草を食べ、水飲み場ではいろいろな動物たちとともに水を飲んでいました。

ウルクからひとりの狩人がやってきて、この水飲み場にわなを仕掛けました。何日か目に彼がここへやってくると、水飲み場に恐ろしそうな山男がいるのを見てびっくりし、急いでウルクへ引き返して父親に知らせました。

「お父さん、水飲み場に恐ろしい山男がいます。とても力持ちで、山を歩きまわっています。いつもけものたちと一緒にいて、草を食べたり水を飲んだりしています。わたしがわなのために掘った穴をうめてしまい、わたしが仕掛けたわなを引きちぎってしまいました。そして、けものたちを逃がしてやっています」

父親は狩人《かりうど》にむかって言いました。

「ウルクの城に行って、ギルガメシュさまにそのことを伝えなさい。そして、宮殿に仕えている宮女を連れてきなさい。女のちからで、山男をひきよせるのだ」

狩人は父親の言うことをきいてから、ウルクの城へ出かけ、ギルガメシュにこのことを伝えました。

ギルガメシュはこのことをきいて、狩人にむかって、宮女を連れていくよう命じました。

狩人は宮女を連れて出発し、三日目にはあの水飲み場へ到着しました。狩人と宮女は身をかくして、山男エンキドゥが現われるのを待っていました。

それから一日、二日とたち、三日目になるとけものたちがやってきました。そして、山男エンキドゥも一緒でした。

狩人は宮女に、あの山男を誘惑するよう命じ、宮女は言われたとおりにしました。エンキドゥが宮女のさそいを受けると、けものたちは驚いて逃げ出しました。エンキドゥは宮女のもとで、体がこわばり、ひざがきかなくなり、その力によって人間らしさが生じました。

宮女はエンキドゥにむかって言いました。

「かしこいエンキドゥよ、なぜけものたちと野原をうろつきまわっているのですか。さあ、ウルクの城へまいりましょう。そこにはアヌ神とイシュタル神が住まわれる神殿があり、城主ギルガメシュさまが支配しています」

エンキドゥはこのことばを聞き、仲間がほしくなり、ウルクへ行くことを承知しました。彼は宮女にむかって言いました。

「さあ、わたしをウルクへ連れていってくれ。アヌ神とイシュタル神が住んでおられる神殿へ。

野牛のように力をふるうギルガメシュと、わたしは力を競うことにしよう」

宮女は山男エンキドゥを連れてウルクの城へ近づきました。

そのウルクで、力の強いギルガメシュは奇妙な夢を見ました。彼が見た夢の意味を解いてもらうために、母である女神ニンスンの住まいをたずねました。

ギルガメシュは母の女神ニンスンにむかって言いました。

「わが母よ、わたしは夜のあいだ、ウルクの城内を歩いていました。天には星々が輝いていましたが、とつぜんアヌ神のやどる星が落ちてきて、わたしのうえにのしかかりました。わたしはそれを持ち上げようとしたのですが、それはとても重くて動かせませんでした。一緒に歩いていた貴人たちが手伝ってくれて、それをやっとのことで持ち上げたところで、夢からさめました」

ギルガメシュの母である女神ニンスンはギルガメシュにむかって答えました。

「ギルガメシュよ、おまえと同じくらい力のあるものが野に生まれ、近いうちにここへやってくるのですよ。おまえは彼と戦うだろう。しかしそのあとでは友となるだろう。彼がやってきたら、わたくしのところへ連れてくるがよい」

宮女とエンキドゥは、ウルクの城門近くへやってきました。ウルクには、城のまえに広場があります。そこには大勢の人たちが集まり、見なれない山男エンキドゥを見て、たがいに言いあいました。

「あの男は、ギルガメシュそっくりだ」

「背丈は低いけれども、きっと強いにちがいない」

「野山でけものとともに育って、力持ちになったのだろう」

「きっとギルガメシュと力だめしをするにちがいない」

広場での騒ぎを聞いて、ギルガメシュは城門をひらき、広場へ出てエンキドゥのまえに立ちはだかりました。

エンキドゥは立ちあがり、足で門をしめて、ギルガメシュが城内に入れないようにしました。

それから二人はつかみあい、格闘をはじめました。

彼らは牡牛のように力の限りたたかいました。壁は割れ、戸はこわれました。

二人はたがいに、相手の力をみとめ、ひざをかがめ、両足を地面につけて、両手を相手から離しました。

山男エンキドゥは、英雄ギルガメシュにむかって言いました。

「あなたは強い牛のなかで最も強い牛のようだ。あなたの母なる女神ニンスンは、あなたを人びとのなかの第一のものとして産んだのだ。エンリル神があなたに、人びとの王としての位をさずけられたのももっともだ」

こうしてギルガメシュとエンキドゥは、たがいの力を知り、親友となりました。またウルクの城主としてのギルガメシュは、それまでの乱暴をやめ、ウルクの人びとから愛されるようになりました。

さて、ウルクからはるか北方の杉の森には、フンババと呼ばれる怪物が住んでいて、杉の材木を切り出しに行く人たちに害を与えていました。このことをきいたギルガメシュは、親友となった山男エンキドゥとともに、フンババ征伐に出かけることにしました。

しかしエンキドゥはあまりよくない夢を見たので、何か悪いことが起こるかもしれないと思い、ギルガメシュにこのことを伝えました。

エンキドゥはギルガメシュにむかって言いました。

「わが友よ、わたしは野原をうろついているとき、杉の森を見たことがある。それは何十里にもわたって広がっており、だれもそのなかに入っていくものはいなかった。そこに住む怪物フンババの叫び声は、大洪水のとどろきのようだ。その口は火をはき、その息は死を呼ぶおそろしい怪物だ。なぜあなたは、フンババ征伐などに出かけようとするのですか」

しかしギルガメシュは、いったん決めたことは変えようとしません。ギルガメシュはあくまで遠征に出かけることを主張し、エンキドゥは涙を流してこれに反対しましたが、ついにはギルガメシュを説得することをあきらめました。

ギルガメシュはエンキドゥにむかい、その決意を語りました。

「わが友よ、太陽のもとで永遠に生きるのは神々だけであって、人間が生きる日数というものは限られているのだ。おまえは死を恐れているようだが、おまえの力強さはどうしてしまったのだ。「進め、恐れるな」と叫ぶのだ。もしわたしがたおれれば、わたしの名は子孫たちに伝わるだろう。

「ギルガメシュは、恐ろしいフンババとの戦いでたおれたのだ」と」

それからギルガメシュは、武器作りの職人たちに、特別の武器をつくることを命じました。

それは三ビルトゥ〔一ビルトゥは約三〇キログラム〕。約九〇キログラム〕の重さのある斧と、大きな剣でした。その剣にも、三〇ムナ〔一ムナは約五〇〇グラム。約一五キログラム〕の重さの黄金のつばがついていました。

ギルガメシュとエンキドゥは、これらの武器をもち、遠征の身じたくをしました。

ギルガメシュはウルク城の広場に出て、ウルクの人たちにむけて、フンババ征伐の決意を語りかけました。

「杉の森の怪物フンババをわたしはうちほろぼし、ウルクの人がどれほど強いかを国中の人たちに知らせよう。

杉の森の杉を切りたおし、フンババのような怪物が住めないようにしてやろう。

そしてわたしの名を永久に伝えるようにしてやろう」

ウルクの長老たちはギルガメシュに、フンババは手ごわい相手であることを告げ、警告しました。

「ギルガメシュよ、おまえは若いので、心がはやっている。フンババは、なみたいていの怪物ではない。フンババの叫び声は洪水のようであり、その口は火、その息は死なのだ。フンババを征伐することは、なみたいていでできることではない」

しかしギルガメシュはそのことばを聴かず、ウルクの長老たちも忠告をあきらめて、彼らの遠征に祝福を与えました。

「神々がおまえたちを守ってくださるように。元気でウルクの河岸にもどってくるように」

次にギルガメシュは太陽神シャマシュにむかって祈りを捧げ、そのご加護を願いました。それから、運命を知るために占《うらな》いをしましたが、その結果は思わしくなく、ギルガメシュは胸騒ぎを感じ、涙を流しました。しかしギルガメシュは、あいかわらず決意を変えませんでした。

ギルガメシュとエンキドゥが武器をもってウルクの広場を進むと、長老たちは助言を与えました。そのなかで長老たちは、杉の森をよく知っているエンキドゥを案内として進むべきこと、夕方には井戸から皮袋に水をいっぱいに入れておくこと、シャマシュ神とルガルバンダ神（ウルク市の神、したがってギルガメシュの守護神）のことを忘れずに、水を捧げて守護をお願いすることなどをギルガメシュに教えました。

二人はこれをきいてから、いよいよ杉の森をめざして進んでいきます。

彼らは何十里か進み、食事をとり、また何十里も進み、夜になれば宿営地でやすみ、こうしてふつうなら四十五日かかるところを三日で行ってしまいました。

ついに杉の森が見えてきましたが、その入口にはこれも恐ろしい姿をしたフンババの手下が見張りに立っています。さすがのギルガメシュも、それを見ていくらかおじけづいたようすを示しました。エンキドゥはそれを見て、ウルクで長老たちや人びとに語ったことばを思い出させ、元気を出すようはげますのでした。

そのギルガメシュはそれを聴き、勇気をふるって杉の森の入口へと進みましたが、その入口の扉には呪いがかけられていたため、うっかり扉にふれたギルガメシュは痛い目に遭いました。

とにかく二人は杉の森に入りこみ、フンババの住む奥のほうを眺めますと、そこに達する道がはるかかなたに続いているのが見えました。山には杉の大木が立ちならび、谷間には草が茂っていました。

二人は谷間を進むうち、夜のとばりがおりたので、仮の宿を設けてひとねむりしました。ところが真夜中にギルガメシュは不吉な夢を見てとび起き、エンキドゥにその夢のことを語りました。不吉な夢は三度も現われました。それは、山がとつぜん崩れて落ちてくる夢とか、天と地がとどろき、死のような冷雨が降り、火が燃え上がるというようなものでした。

エンキドゥはだまってギルガメシュの不吉な夢（それはじっさいには、のちのエンキドゥの運命を暗示していたのですが）の話を聴き、それを吉《きち》に解釈してギルガメシュを元気づけ、さらに森の奥へと進んでいきました。ギルガメシュは重い斧で杉の木を切り倒して道を開きました。

ついに森の最も奥の部分に到達すると、怪物フンババが怒り狂って叫びました。

「だれがやってきたのだ。そしてわたしの山に生えている杉を切り倒しているのだ」

ギルガメシュとエンキドゥは、二人の守り神である太陽神シャマシュに祈りを捧げ、助けを求めました。

シャマシュは天から二人にむかって言いました。

「おそれるな。わたしが手助けするから、フンババに近づいていけ」

そして天から力強い風が吹き出し、フンババをめがけて吹きつけました。それは寒風、強風、熱風など、八つの風でした。

フンババは目をあけていられなくなり、進むこともどることもできなくなりました。

フンババはギルガメシュにむかって言いました。

「ギルガメシュよ、わたしを助けてくれれば、おまえの家来になる。この杉の森の杉は切り倒し、おまえの家を建ててやろう」

しかしエンキドゥはギルガメシュに、そのことばにまどわされないよう言いました。

ギルガメシュはエンキドゥのことばを受けいれ、斧を手にとってフンババの首に切りつけ、三度目にフンババはついに倒れました。

二ベール〔一ベールは、約二時間、あるいはこのあいだに進む距離〕の広がりにわたって、杉の森はざわめき、その叫び声はサリアとラブナンの山にひびきわたりました。

二人はフンババの手下たちをうち倒し、杉の大木を切ってユーフラテス川の岸へと引いていきました。

こうして二人は、意気揚々ウルクの城へと帰りつくことができました。

ウルクの人たちに歓迎され、城内に入ったギルガメシュは、身の汚れをすすぎ、毛髪をととのえ、マントを身につけ、バンドを巻きつけ、冠《かぶ》りものを頭上にのせて身なりをととのえました。ギルガメシュは得意の絶頂にいました。

ウルクのエアンナ神殿には、愛と美の女神イシュタルが住んでいましたが、ギルガメシュが遠征からもどってきたことを聴いて宮殿に出かけていき、立派な姿のギルガメシュを見て心にいとおしく思いました。

女神イシュタルはギルガメシュにむかって申しました。

「ギルガメシュよ、来てわたくしの夫になってください。

そうすれば、わたくしはあなたに、ラピスラズリと黄金でかざった二輪車をさしあげましょう。また、杉の木で建てた家もさしあげましょう。

山や野原が産み出すものを、山羊《やぎ》や羊や立派な馬や牛をさしあげましょう」

しかしギルガメシュは女神イシュタルの申し出を受けいれず、言いました。

「あなたを妻にするためにわたしはなにをさしあげたらよいというのですか。あなたは人を傷つけることしか知らないのではないですか。あなたの愛はどれほど長く続いたことがありますか。あなたが若いころ愛したタンムーズは、のちには毎年苦しみ嘆くようになってしまったでしょう。あなたは斑《ぶち》のある羊飼鳥を愛したことがあったが、のちにはその翼を引き裂いてしまい、この鳥は今でもよく「私の翼《カッピ》よ」と泣いています。あなたはライオンを愛したことがあったが、のちにはそのためにわなを掘り、牡馬を愛したことがあったが、のちにはそのためにむちを用意し、泥水を飲ませたのです。あなたは牧人を愛したことがあったが、のちには彼を打ちたたいて、狼《おおかみ》に変えてしまったでしょう。あなたは父上の庭番イシュラヌを愛そうとしたことがあったが、イシュラヌがこれを拒むと、彼を打ちたたき、もぐらに変えてしまったでしょう。だからあなたがわたしを愛するとしても、わたしにはきっと彼らと同じ運命が待っているにちがいない」

これを聴いた女神イシュタルは烈火のように怒り、天上にのぼっていき、父神アヌにむかって言いました。

「わが父よ、ギルガメシュがわたくしを辱めました。わたくしが今までやったことを数えたてたのです」

天神アヌは娘の女神イシュタルにむかって言いました。

「それはおまえ自身のせいではないか。おまえがおろかなことをたびたびやったからであろう」

女神イシュタルは承服せず、さらに腹を立てて父神アヌに告げました。

「わが父よ、わたくしのために〈天の牛〉を作ってください。それでギルガメシュを滅ぼしたいのです。もしわたくしのために〈天の牛〉を作ってくださらなければ、わたくしは死者たちが住む冥界の扉をひらき、死者たちをよみがえらせて、死者が生者より多くなるようにいたします」

アヌ神はイシュタルにむかって言いました。

「もしおまえの言うとおりにすると、七年間の不作がやってきて、人びとは飢えに苦しむことになるぞ」

イシュタルはアヌ神にむかって言いました。

「わたくしはそのことを考えて、人びとのために穀物をたくわえ、けものたちのためには草を用意してあります」

そこでアヌ神はしかたなく巨大な〈天の牛〉をつくってやりましたが、これは天の十二宮の〈牡牛座〉から引きおろしたともいわれています。

〈天の牛〉は地上におり、鼻息あらくウルクの城内にいたギルガメシュとエンキドゥにおそいかかりました。

しばらくギルガメシュと力を競ったのちに、〈天の牛〉はエンキドゥにむかってとびかかりました。〈天の牛〉は口から泡を吹き出し、尻尾をあらあらしくふり、角をエンキドゥに向けて突進しましたが、エンキドゥは角をつかまえ、剣を突きさしてこれを打ち倒しました。

それから彼は〈天の牛〉の心臓を取り出し、守護神である太陽神シャマシュに捧げ、二人ならんで座り、シャマシュに礼拝をしました。

女神イシュタルは怒り狂い、ウルクの城壁にのぼってギルガメシュたちに呪いのことばを投げつけました。

「わたくしを侮り、〈天の牛〉を殺したものに呪いあれ」

エンキドゥはイシュタルのこのことばを聴いて、〈天の牛〉のももをひき裂き、女神の顔にむけて投げつけました。

イシュタルはおつきの女官たちを集め、悲嘆の声をあげました。

ギルガメシュとエンキドゥは、職人や武器作りの人たちを集め、〈天の牛〉の角を見せますと、みんなその大きさにびっくりしました。その角のなかには六グル〔一グルは約四二リットル、約二五〇リットル〕の量の油が入っていたので、ギルガメシュはこれを彼の守護神であるルガルバンダ神に捧げ、角のほうは彼自身の広大な寝室に運んで、天井からつるしました。

それからギルガメシュとエンキドゥは、盛装してウルクの街路を行進しました。

ギルガメシュが人びとに、「英雄たちのなかでだれが一番すばらしいか」と言いますと、ある人は「ギルガメシュこそ、英雄たちのなかで一番立派です」と答え、ある人は「エンキドゥこそ、人びとのなかで一番立派です」と答えました。

ギルガメシュは宮殿で祝典をあげ、愉快にすごしてから、宮殿の寝室に引きあげました。

その夜中、エンキドゥはとつぜん起き上がり、近くに寝ているギルガメシュを起こして言いました。

「わが友よ、わたしは大神たちが会議をしている夢を見た。

そこにはアヌ神、エンリル神、エア神、シャマシュ神が集まっていた。

まずエンリル神が言った。

「彼らは〈天の牛〉を殺し、〈杉の山〉を荒らしてフンババを殺したために、そのうちのひとりが死なねばならぬ」

するとエンリル神が言った。

「エンキドゥが死ぬべきだ。ギルガメシュは死んではならぬ」

次にシャマシュ神が言った。

「彼らはわたしの命令によって〈天の牛〉とフンババを殺したのだ。それなのに死ななければならないのか」

するとエンリル神は怒って言った。

「なぜあなたは彼らの味方をするのだ」

夢の話をギルガメシュにしてから、エンキドゥは病にとりつかれ、日ごとに弱っていきました。

ギルガメシュは涙を滝のように流して言いました。

「愛する兄弟よ。なぜおまえは死なねばならず、わたしは無実なのか。わが兄弟をわが目でふたたび見ることなく、死霊の門のところに座っていなければならないのか」

エンキドゥはうわごとのように言いました。

「わたしは杉の森の入口まで行って、背高い杉の木を見たが、その入口はわたしにとって災厄であった。わたしにとって、わたしをウルクに連れてきた宮女は災厄であった。わたしはおまえを呪ってやる」

天のシャマシュ神はエンキドゥのことばを聴き、エンキドゥにむかって言いました。

「エンキドゥよ、なぜおまえは宮女を呪うのか。彼女はおまえに、神にふさわしいパンを食べること、王者にふさわしい酒を飲むこと、立派な衣服をつけることを教えたではないか。そしておまえに、よき友ギルガメシュを与えたではないか。

おまえはいま、親友ギルガメシュによって、立派な寝台に横たわることができ、彼はそのそばに座っているではないか。ギルガメシュによって、ウルクの人たちはおまえへの悲しみで心をいっぱいにしているのだ」

エンキドゥは、太陽神シャマシュのこのことばを聴き、心の落ち着きをとりもどしました。

次の夜、エンキドゥはまたも夢を見て、翌朝になると彼を見守るギルガメシュにその話をしました。

「友よ、わたしはまたも不吉な夢を見た。天がざわめき、地も音を立てていた。鷲の爪のような爪をもつ冥界の番人がわたしにとびかかり、わたしの手も鳥の手のようになってしまった。彼はわたしを冥界の女王イルカルラの住まい、〈暗黒の家〉と呼ばれるところへ連れていった。そこは、入る者は出ることがなく、歩みゆく者はもどることのないところで、住む者は光をうばわれ、ほこりと粘土を食べ物にし、鳥のように翼のついた着物を身につけるところだ。

わたしが入っていった〈ほこりの家〉には、老若の神官や呪術師や下働きが住んでいた。鷹《たか》に乗って天上へ去ったキシュ王エタナや、家畜の神スムカンの姿も見えた。冥界の女王エレシュキガルのまえには、冥界の記録係ベーリット・セーリが書板をもち、人間どもの運命を読み上げていた」

エンキドゥの体は日ましに弱り、十二日目についにこのギルガメシュの親友は息絶えました。

十二日目の夜が明けて、親友エンキドゥの死を知ったギルガメシュは、涙を滝のように流して悲嘆にくれました。


「聴きたまえ、長老たちよ、わたしに耳をかたむけよ。

わたしはわが友エンキドゥにむかってすすり泣き、烈《はげ》しく泣き叫ぶ。

わが友を、悪鬼がわたしから奪い去ってしまった。

われら二人は、すべての土地を征服し、〈天の牛〉を殺し、〈杉の森〉のフンババを征伐した。

だが今は、おまえは闇のうちにあり、わたしの声も聴こえない」

ギルガメシュは親友エンキドゥの胸に手をあてましたが、その心臓は動いていませんでした。彼は親友のなきがらに薄布をかけ、声を張り上げて涙を流し、毛髪をかきむしり、体につけたものを引き裂きました。

夜がすっかり明けきると、ギルガメシュはエラムマクの木で作った台と、紅玉石やラピスラズリで作った容《い》れものをエンキドゥのなきがらのまえに運び入れ、容れものには蜜やバターをいっぱい入れて親友に供えました。

エンキドゥの埋葬が終わると、ギルガメシュは〈不死〉を求めて旅に出る決意を固めました。はるか、地のかなたに、不死を得た人がいることを聞き、その人を訪ねて不死の秘密を聞き出すのがその目的でした。

親友エンキドゥの死は、単に親友を失うという苦しみのみならず、人間は死なねばならないのかという、死への恐れをギルガメシュの心に植えつけたのでした。

ギルガメシュは野原をさまよいながら、だれとはなしに語りました。

「わたしもいつかは、エンキドゥのように死ななければならないのか。

悲しみがわたしの心をいっぱいにしてしまった。わたしは死が恐ろしい」

ギルガメシュは野原を横切り、山の狭間《はざま》を進みました。めざすのは、永遠の命を得たという人、ウバラ・トゥトゥの息子ウトナピシュティムでした。

山のふもとではライオンを見てふるえあがり、月神シンにむけて必死に祈りました。シンはギルガメシュの祈りを聴き届け、ギルガメシュは力が溢《みな》ぎるのを感じて剣を抜き、ライオンめがけて突き進み、打ち勝ちました。


次にギルガメシュは、双子山マーシュ山に到着しました。そのふもとには地下の道への入口があり、その一部は冥界に通じています。

その入口には、恐ろしい姿をしたサソリ人間がいて、あたりを見張っていました。

ギルガメシュはサソリ人間を見て、恐怖のために顔が青ざめました。

サソリ人間は妻にむかって言いました。

「あそこにやってくる者は、神のような体をしている」

サソリ人間の妻は夫にむかって言いました。

「彼は三分の二は神、三分の一は人間なのです」

サソリ人間はギルガメシュにむかって言いました。

「おまえはなぜ、こんなに遠い道のりを旅してきたのか。渡ることのむずかしい海を横切ってまで、おまえがここに来た目的はなんなのか」

ギルガメシュが答えるには、

「不死を得たというウトナピシュティムに会うためだ。死と生について、わたしはウトナピシュティムにたずねたいのだ」

サソリ人間が言うには、

「ギルガメシュよ、いままでそれをなした者はだれもいない。この山をこえた者はだれもいない。この地下道の闇はふかく、光がないのだ」

ギルガメシュが言うには、

「悲しみと苦しみがあろうとも、寒さと暑さがあろうとも、ためいきと涙があろうとも、わたしは行きたいのだ。

さあ、山の地下道の入口をあけてくれ」

サソリ人間はギルガメシュに言いました。

「行け、ギルガメシュよ。マーシュの山をこえることを許してやろう。元気でもどってくることだ。山の入口はおまえのために開かれるだろう」

ギルガメシュはサソリ人間のことばに感謝し、地下道の太陽の道に入りました。

ギルガメシュは暗闇の道を進みました。一ベール、二ベール、三ベール、四ベール、五ベール、六ベール、七ベール、八ベール、九ベール、一〇ベール。

一一ベールすぎると、太陽の光線がさしてきました。

一二ベールすぎると、そこは太陽の輝きで満ちていました。

地下道の出口のそとには、紅玉石やラピスラズリの木々が生えており、それらにはぶどうの実やほかの果実もたれ下がっていました。

そこは海の近くの楽園でした。ギルガメシュが進んでいくと、かなたに石の建物があり、小さな窓からこちらを見ている婦人の顔が見えました。この建物は、お客にぶどう酒を飲ませる店のようでした。

ギルガメシュは建物に近づき、婦人に扉をあけてくれと頼み、婦人はギルガメシュのやつれた顔を見て扉をひらきました。

ギルガメシュは、ぶどう酒店の女将《おかみ》シドゥリにむかい、親友エンキドゥの死と、不死を求めての旅のことを物語りました。

ギルガメシュが言うには、

「わたしとともにあらゆる苦労をわけもち、わたしが心から愛した友エンキドゥは、いまは人間の宿命へと向かっていった。もしかしてわが友がわたしの嘆きにこたえて立ち上がってくれないかと、七日と七晩、彼のそばにいたが、彼は立ち上がらなかった。

ついに彼の顔から虫がこぼれ落ちはじめたので、わたしは彼のなきがらを墓に運んだ。

わたしは狩人のように、野原をさまよい、命を見つけようとした。女主人よ、わたしの恐れる死を見ないためには、どうしたらよいのだ」

女主人シドゥリの言うには、

「ギルガメシュよ、あなたはどこまでさまよいゆくのです。あなたの求める命は見つかることがないでしょう。

神々が人間を創られたとき、生命は自分たちの手のうちにとどめておき、人間には死を割りふられたのです。

ギルガメシュよ、あなたはあなたの腹を満たしなさい。昼も夜も踊って楽しみなさい。日ごとに饗宴《きょうえん》を開きなさい。衣服をきれいにし、頭を洗い、水を浴びなさい。あなたの手につかまる子どもたちをかわいがり、あなたの胸に抱かれた妻を喜ばせなさい。それが人間のなすべきことだからです」

しかしギルガメシュは決意を変えませんでした。彼はウバラ・トゥトゥの息子ウトナピシュティムが住む場所をたずねました。それは〈死の海〉のかなたの、二つの川が合わさるところということでした。

ギルガメシュは〈死の海〉のほとりに辿《たど》りつき、そこで渡し舟を見つけました。その船頭はウルシャナビという名で、ウトナピシュティムに仕えていました。舟には守り神の石像がおかれていました。ウルシャナビはギルガメシュに、森に行って長い棹《さお》をたくさん切ってくるよう頼みました。〈死の海〉では、棹がすぐ使えなくなるので、つぎつぎに新しいものとかえなければならなかったのです。船頭は百二十本の棹を使って、舟はやっとのことでウトナピシュティムのところに到着しました。

ウトナピシュティムは妻とともに、永遠の命を得てこの遠方の二つの川が合わさるところに住んでいました。

ギルガメシュはウトナピシュティムにむかって言いました。

「ウトナピシュティムよ、あなたは弱そうで、わたしとあまり変わらない。あなたは力強い英雄かと思っていたが、そこになすこともなく座っているだけだ。

どのようにして、永遠の生命を得て、神々の集いに加わったかを語りたまえ」

ウトナピシュティムがギルガメシュにむかって言うには、

「ギルガメシュよ、おまえに秘密を教えてあげよう。これは神々の秘密なのだが。

ユーフラテスの流れに沿うシュルッパクは、おまえも知っているように古い町だが、そこには神々と人間が住んでいた。

ところがあるとき、大いなる神々は洪水を起こしてこの町をほろぼすことにしたのだ。

そこにいた神々は、父神アヌ、助言者エンリル、代表者ニヌルタ、水路監督エンヌギ、そして知恵の神エアたちであった。

人間の味方であるエア神が、わたしの住んでいる葦《あし》の小屋にむかって告げてくれた。

「シュルッパクの人、ウバラ・トゥトゥの息子よ、家を打ちこわし、舟をつくれ。持ち物をあきらめ、おまえの命を救え。

すべての生きものの種子を舟へ運びこめ。おまえが造るべきその舟は、その寸法を定められたとおりにせねばならぬ。その間口、その奥行は等しくせねばならぬ」

わたしはこれを聴き、エア神にむかって言いました。

「わが主よ、あなたが言われたことを、わたしはつつしんで行ないます。だが町の人たちにはどう説明しましょうか」

エア神が言うには、

「彼らに話すがよい。『エンリル神に見放されたので、わたしはアプスーへ行き、エア神とともに住むことにしました。みなさんにはエンリル神のお恵みがあるでしょう』と」

わたしは一族の者たちを集めて、命ぜられたとおりの方舟をつくりはじめた。

大人たちは材木を運び、子どもたちは水もれを防ぐために塗る瀝青《れきせい》〔天然アスファルト〕を運んだ。

五日目にはその骨組ができ上がったが、その表面積は一イクー〔一イクーは約三六〇〇平方メートル〕、その四方の高さはそれぞれ一〇ガル〔一ガルは約六メートル、約六〇メートル〕、それに六つの覆いの板を張り、内部は七つの場所に、また床は九つに分け、まんなかには木の栓をはめこんだ。

それから舟の中央に帆柱が立てられ、たくさんの瀝青が流しこまれた。

毎日、牛や羊が殺され、ぶどう酒がふるまわれた。

七日目に方舟は完成し、わたしは持ち物をすべてここに入れ、一族の人たちや野のけものや職人が乗りこんだ。

翌日の朝、太陽神シャマシュは雨を降らせはじめた。わたしが天気のようすを眺めると、天気はすさまじくなってきた。わたしは方舟に入り、入口をふさいだ。

光輝くころになると、空の果てから黒雲が起ち上がった。天候神アダドはそのまんなかで雷をならし、嵐の布告使シュル・ラットとハニシュは真っ先に進んでいった。

冥界の神エルラガルは荒れ狂って、帆柱をたおし、ニヌルタ神は水路をあふれさせた。

神々の集まりであるアヌンナキは火をもやし、国土はその輝きで燃えさかった。一日中、嵐が吹きすさび、戦争のようだった。人びとはおたがいに見分けることができず、神々はあわてて天へとのぼり、犬のようにちぢこまって身をひそめた。

女神イシュタルは叫びわめいた。

「みよ、古い日々はすべて粘土になってしまった。神々の集いでわたくしがよくないことを言ったからだ。人間たちを滅ぼす戦いのことを言ったからだ。このわたくしこそ、人間たちを産み出し、海の魚の卵のようにいっぱい増やしたのに」

女神は泣き、心沈んだ神々も泣いた。

六日と六晩にわたって、風と洪水が押しよせ、台風が国土を荒《あ》らした。

七日目がやってくると、洪水の嵐は戦いにまけた。

雨は静まり、嵐はおさまり、洪水は引いた。空は静かになり、すべての人間は粘土になってしまった。

わたしが方舟の蓋を開くと、光が入ってきた。わたしは座って泣いた。

海のかなたに陸が見えてきた。十二の場所に陸が現われた。方舟はニシルの山にとどまり、一日、二日、三日、四日、五日、六日がたった。

七日目がやってくると、わたしは鳩《はと》を解き放してやった。鳩は一度は立ち去ったが、休み場所がないので舞いもどってきた。次にわたしは燕《つばめ》を解き放してやった。燕は一度は立ち去ったが、休み場所がないのでもどってきた。次にわたしは大烏《おおがらす》を解き放してやった。大烏は立ち去り、水が引いたのを見て、ものを食べ、ぐるぐるまわり、カアカア鳴き、帰ってこなかった。

そこでわたしはすべての鳥を解き放し、神々に犠牲《いけにえ》を捧げ、お神酒を注いだ。

神々はその香をかいで、蠅《はえ》のように集まってきた。女神イシュタルもやってきて言った。

「この日々を心にとどめ、けっして忘れはしまい。神々よ、犠牲《いけにえ》のほうへ来てください。エンリル神は犠牲のほうに来てはならぬ。なぜなら彼は考えなしに洪水を起こし、わたくしの人間たちを破滅させたからだ」

エンリル神は方舟を見て腹を立てて言った。

「生き物が助かったというのか。ひとりも生きてはならなかったのに」

ニヌルタ神がエンリル神に言うには、

「エア以外のだれがそんなことをたくらむだろうか。エアはすべてを知っていたのだから」

エアがエンリルに言うには、

「神々の主人である君は、なぜ考えなしに洪水を起こしたのだ。洪水のかわりにライオン、狼、飢饉《ききん》、ペストで人間には十分だったのに。それに神々の秘密を明かしたのはわたしではない。賢き者《アトラ・ハシース》(ウトナピシュティム)に夢を見せただけで、彼は神々の秘密を聞きわけたのだ。今は彼に助言してやるべきだ」

エンリル神は聞きわけて、方舟に入り、わたしの手をとって祝福して言った。

「これまでウトナピシュティムは人間でしかなかった。今よりウトナピシュティムとその妻は、われら神々のごとくなれ。ウトナピシュティムは、はるかなる地、二つの川が合わさるところに住め」

こうしてわたしは、この二つの川が合わさる地に住むようになったのだ。

だがギルガメシュよ、おまえのために神々は集うであろうか。永遠の命を求めるというが、おまえは六日と六晩ねむらないでいられるか」

ウトナピシュティムのこの物語を聴いていたギルガメシュは、このことばとともに眠けを感じ、眠りはじめました。

ウトナピシュティムは彼の妻にむかって言いました。

「永遠の生命を求めるこの英雄も、眠さには打ち勝てないようだ」

ウトナピシュティムの妻は言いました。

「この人を起こして、故国に無事に帰れるようにしてあげましょう」

ウトナピシュティムは、ギルガメシュが眠った日数がわかるように、妻にパンを作らせ、毎日それをギルガメシュの枕許におかせました。

六日たって、第一のパンはすっかりくさってしまい、第二のは悪くなり、第三のは湿り、第四のは皮が白くなり、第五のは色が変わり、第六のだけは焼きたてでした。

ウトナピシュティムがギルガメシュを起こすと、ギルガメシュは言いました。

「つい眠くなって、一眠りしたようだ」

ウトナピシュティムは、枕許のパンをギルガメシュに示し、眠りだしてから六日たったことを彼に教えました。

ギルガメシュはびっくりし、死が間近にいることを感じ、恐怖につつまれました。

ウトナピシュティムはギルガメシュが無事故国に帰れるよう祝福し、船頭ウルシャナビに命じてギルガメシュの体を洗い、新しい衣服をつけさせました。

ウトナピシュティムの妻は夫に言いました。

「ギルガメシュは、はるばる苦労してここまでやってきました。なにかお土産をあげるべきです」

そこでウトナピシュティムはギルガメシュに言いました。

「ギルガメシュよ、おまえは苦労してここまでやってきたから、秘密のことをおまえに教えよう。海のあるところに、人間が命を新しくすることができるシープ・イッサヒルアメルという草がある。おまえがこの草を手に入れるならば、おまえは生命を得るだろう」

ギルガメシュはこのことばに喜び、海のその場所へ行き、重い石を両脚にしばりつけて水中にとびこみました。その草はバラのようにとげをもっていて、彼の手にそれがささりましたが、彼はすぐに重い石を両脚からはずし、その草を持って水面に浮き上がりました。

ギルガメシュはこの特別な草を手に入れたことで満足し、ウルクまでついていくことにした船頭ウルシャナビとともに二〇ベール行って食事をし、三〇ベール行って夜をすごす用意をしました。

そこで冷たい水が湧き出る泉を見たギルガメシュは、泉におりて水浴をしました。蛇がやってきて、ギルガメシュが海中から取ってきただいじな草を食べてしまい、ぬけがらを残して行ってしまいました。

ギルガメシュは座って涙を流し、言いました。

「ウルシャナビよ、だれのために、わが手は骨折ったのだ。だれのために、わが心の血は使われたのだ。わたし自身は恵みが得られなかった」

ギルガメシュは船頭ウルシャナビとともに、故国ウルクの城に帰りつき、そののち彼は、すべてのものを国の果てまで見た人、すべてを味わいすべてを知った人、はるか遠国を旅し疲れ果てて帰り着いた人として、ウルクの人たちとその子孫たちに語り伝えられました。

シュメールのギルガメシュ神話 I・II

アッカドの『ギルガメシュ叙事詩』はシュメール人が断片的に残したギルガメシュ神話をみごとにまとめあげたものです。シュメールのギルガメシュ神話は「大洪水物語断片」をふくめても五、六点が残されているにすぎません。それらは「ギルガメシュと〈生者の国〉」（本文でIIとして収めた）、「ギルガメシュと天の牡牛」、「ギルガメシュの死」、「ギルガメシュとアッガ」およびアッカド語版『ギルガメシュ叙事詩』第一二の書板（前章では訳されていない部分）とそれを補足する部分にあたる「ギルガメシュとエンキドゥと地下界」（本文でIとして収めた）で、これらのうち「ギルガメシュとアッガ」は神話というより歴史的事実を述べていると思われるもの、「ギルガメシュと天の牡牛」および「ギルガメシュの死」はきわめて断片的で訳しにくいものです。

このようなわけで、これらのうちから二篇《へん》のみを次に紹介しますが、これらも原文はかなりわかりにくいところがあります。

I　ギルガメシュとエンキドゥと地下界

天が地からはなれてのち
地が天とわかれてのち
人の名がつけられてのち

アンが天をとってのち
エンリルが地をとってのち

つまり天と地ができて、人間が創造され、アンが天神に、エンリルが地神になってのちのしばらくのこと、ブラヌン（ユーフラテス）のほとりに、一本のフルップ木（やなぎ）が生えていました。それはブラヌンの川水によって、立派に成長しました。

しかしある日のこと、南風が烈しく吹き、このフルップ木は根こそぎ倒されてしまいました。ブラヌンは水があふれて洪水となり、倒れたフルップ木は水面をただよって流れ出しました。

女神イナンナはブラヌンの川岸に立ち、ふと見ると立派なフルップ木が流れているので、これを引き上げ、彼女の神殿があるウルクへ運び、〈聖なる園《その》〉にこれを植えました。

女神イナンナはこの木をだいじに育てましたが、それは彼女がこの木材で彼女自身の椅子と寝台をつくろうと思ったからです。

何年かがたち、フルップ木はさらに立派になりました。しかし女神イナンナは、この木を切り倒すことができないことを悟りました。というのは、この木の根元では蛇が巣をつくっており、梢《こずえ》にはズー鳥（嵐の鳥、一七二ページ、アッカドの「怪鳥ズー」参照）が仔《こ》を育てており、さらに木の中間のところには、魔女リリトが住みついていたからです。

女神イナンナは悲しくなり、大粒の涙を流しました。そして翌日になり陽がのぼったころ、彼女は兄弟の太陽神ウトゥの部屋を訪ねて、涙ながらにフルップ木のてんまつを語り、助力を求めました。

さて、ウルクの城主、英雄ギルガメシュは女神イナンナの困惑を耳にし、さっそく助力を申し出ました。

ギルガメシュは、五〇ムナの重さのよろいを身につけ、七ビルトゥ七ムナの重さの斧を手に持ち、まず根元に巣くっている蛇を打ちころしました。ズー鳥は仔を連れて山へ逃げていき、魔女リリトはすみかを打ちこわして、砂漠へ逃げてしまいましたが、砂漠こそこの魔女の本来のすみかなのです。

ギルガメシュの家来たちはフルップ木を切り倒し、こうして女神イナンナは、これで立派な椅子と寝台をつくることができました。

女神イナンナはギルガメシュの活躍に対して、お礼をしようと考え、切り倒したフルップ木の根元のところからプックというものとミックというものをつくりました(これらは、太鼓と撥《ばち》だと考えられています)。

＊

ギルガメシュはよろこんでこれを受け取り、ウルクの若者たちを集めて宴会を開き、このときプックとミックを大いに利用していたようです。ところが、どういうきっかけでか、このミックとプックが大地の割れ目から地下界に落ちてしまいました。原文では「若い娘たちの叫び声のために」となっていますが、それでプックとミックを使っていた若者が興奮してかけまわり、うっかり危険な場所に近づいてしまったのかもしれません。以上のところまではシュメール語版のみが残っているところですが、以下の部分はシュメール語版とともに、『ギルガメシュ叙事詩』第一二の書板としてアッカド語版も残っているところにあたります。

＊

ギルガメシュは、女神イナンナから贈られただいじな品物が地下界に落ちてしまったことを大いに嘆き言うには、

「わたしのプックよ、だれかこれを地下界から取ってくる者はいないか。

わたしのミックよ、だれかこれを地下界から取ってくる者はいないか」

するとギルガメシュの親友で、彼の助手であるエンキドゥが主人のことばを聴き、
言うには、
「ご主人よ、なぜ叫ぶのです。なぜ悲しむのです。
そのプックを、わたしは地下界から取ってきましょう。
そのミックを、わたしは地下界から取ってきましょう」

ギルガメシュはエンキドゥのこのことばに喜び、地下界に下っていくにあたって注
意しなければならないことを教えました。
それらは次のようなことです。

まず、地下界へ行くには、きれいな衣服を着ていてはいけない。
よい香油を体に塗ったりしてはいけない。
地下界では槍《やり》を投げてはいけない。
杖を持っていってもいけない。
サンダルをはいてはいけない。

愛する妻にキスしてはいけない。
愛する息子にキスしてはいけない。
きらいな妻をたたいてはいけない。
きらいな息子をたたいてはいけない。

地下界では、大声を出してはいけない。とりわけ、地下界ですはだかのまま横たわっているニアズ神（女王エレシュキガルの夫のひとり）の母の姿を見て、大声をあげてはいけない。

ギルガメシュは、このような地下界での禁制を、いちいち理由をあげながら細かくエンキドゥに教えましたが、山男のエンキドゥはこれをよく聴いていませんでした。そしてエンキドゥは、地下界へ下りていくにあたって、きれいな衣服を身につけ、よい香油を体に塗り、杖やサンダルを身に帯び、地下界で大声をあげたりしました。地下界の神は怒ってエンキドゥを捕らえて地上へもどれないようにしてしまいました。

ギルガメシュはこのことを知って大いに困惑し、ニップル市の神殿へ行って大神エンリルに救いを求めました。

ギルガメシュはエンリル神のまえで、エンキドゥが地下界に下って捕らえられたいきさつをくどくどと物語りましたが、エンリル神はとりあいませんでした。

そこでギルガメシュは、エリドゥ市の神殿に住む知恵の神エンキに援《たす》けを求めました。

エンキ神は聞きいれて、太陽神ウトゥに頼み、地下界に穴をあけてもらいました。ここからエンキドゥの影が地上に上ってきました。

＊

ギルガメシュは親友エンキドゥの影（ほんとうのエンキドゥは地下界に永遠に閉じこめられてしまったようです）と再会できたことをともかく喜び、地下界のようすをこまごまと尋ねました。

それによると、地上でせいいっぱいに暮らし、多くの息子をもった人ほど、地下界で優遇されるようです。ひとつづきの対話では、ひとりの息子をもった者から七人の息子をもった者までの地下界のようすをきいていますが、三人の息子をもった者には地下界でもたっぷり水が与えられ、五人の息子をもった者はよい書記のような待遇を受け、七人の息子をもった者は神に近い者とされるというようにエンキドゥが答えています。

それに対して、戦場などでみじめに死んだ者については、次のような対話が見られます。

＊

ギルガメシュ「その死体が野原に横たわれる者をおまえは見たか」
エンキドゥ「わたしは見ました」
ギルガメシュ「彼はどのような扱いを受けているのか」
エンキドゥ「彼の影は地下界で休み場所を見いだすことがないのです」

＊

シュメール語版・アッカド語版ともに、ほぼこのあたりで文が終わっていますが、全般的に暗く陰うつな地下界のようすをエンキドゥからきいて、ギルガメシュの心のうちには死への恐れと、永遠の命への思いが生じたにちがいありません。

Ⅱ　ギルガメシュと〈生者の国〉

このシュメール神話はアッカド語版『ギルガメシュ叙事詩』第三・四・五の書板の「杉の森の怪物フンババ征伐」の物語の原型となったもので、ストーリーもほぼそっくりそのままですが、アッカド語版の第三・四の書板は断欠が多くて細部がよくわからないのに対し、シュメール語版ではこの点を幾分か補足することができます。

ここでのギルガメシュは〈生者の国〉（シュメール人が「楽園」の所在地と考えたディルムンをさしているともいわれます）への遠征を決心しました。

＊

ギルガメシュが自分に仕える親友エンキドゥに言うには、

「エンキドゥよ、わたしは定められた運命の日が来るまでに、わたしの名を高めたいのだ。そのために、わたしは〈生者の国〉に向けて出かけたいと思う」

エンキドゥが答えて言うには、

「ご主人よ、〈生者の国〉に入ろうというのでしたら、まず太陽神ウトゥにそのことを相談しなければなりません。杉の木が生えるあの国は、太陽神ウトゥに属しているのですから」

そこでギルガメシュは、仔牛などのいろいろな捧げ物をもって太陽神ウトゥのところへ出かけ、彼に向けて言うには、

「太陽神ウトゥよ、わたしは〈生者の国〉へ行き、杉の木の森に入りたいのです」

ウトゥがギルガメシュに向かって言うには、

「ギルガメシュよ、なんのために〈生者の国〉へ行こうというのかね」

「ウトゥよ、聴いてください。わたしの都で、たまたまひとりの男が死ぬところを見ました。わたしは宮殿の壁のすきまからこれを見ていて、人間の運命を知りました。わたしは定められた運命の日が来るまでに、わたしの名を高めたいのです。わたしは〈生者の国〉へ出かけて、わたしの名と神々の名を高めたいのです」

ギルガメシュが涙を流して熱心に頼むので、太陽神ウトゥはしぶしぶながらも、〈生者の国〉に入ることを彼に許しましたが、ウトゥは部下の七つの魔物に、ギルガメシュの力だめしをさせることにしたようです。蛇や竜や大洪水などのそれらの魔物は、ギルガメシュの遠征の途中に、いろいろな悪天候となって襲いかかりましたが、ギルガメシュと従者エンキドゥおよびその家来たち（五十人の、家や母親をもたないウルクの若者）は、元気よく遠路をすすみ、七つの山を越えました。

ところが、七つ目の山を越えて間もなくのころ、ギルガメシュは一行を谷間で休ませ、自分も横になったかと思うと、深い眠りにおちいり、長時間にわたって目覚めませんでした。

従者エンキドゥはついに心配になって、主人ギルガメシュを何回かゆすぶり、言うには、

「わが主人、ギルガメシュよ、いつまでここに横たわっているのですか。みんな山のふもとで、あなたが起きるのを待っているのですよ」

エンキドゥは何回もギルガメシュをゆすぶり、声をかけたので、彼は何回目かにやっと目を覚ましました。

これから先に何が待ちうけているかわからないので、エンキドゥが、ためらいがちに遠征を続けるのかどうかをギルガメシュにたずねますと、ギルガメシュが答えて言うには、

「わたしを産んだ母なる女神ニンスンと、わたしの父ルガルバンダの命にかけて、わたしは勇敢に戦うまではウルクへ帰らない。わたしの行く先は〈生者の国〉で、ウルクではない」

エンキドゥがもう一度ギルガメシュに向かって言うには、

「わが主人よ、どうぞ遠征をお続けください。わたしはといえば、わたしはお母上にあなたさまの遠征と戦勝を伝えるために、ウルクへもどることにいたしましょう」

しかしギルガメシュは、従者エンキドゥがウルクへもどることを許さず、一行はやっとのことで〈生者の国〉の入口に到着しました。そこの杉の森にはフワワという名の怪物がいて、杉の木の城に住んでいました。

ギルガメシュは杉の森で七本の杉の木を切り倒し、たぶん櫓《やぐら》かはしごを作ったのでしょう。それからフワワの住む城に乗りこみました。

さすがの怪物フワワも、ギルガメシュの次から次への攻撃に恐れをなし、太陽神ウトゥに助けを求めるとともに、ギルガメシュに助命を訴えました。

ギルガメシュはいったんはこれを受けいれ、フワワを助けてやろうとしたようですが、後での仕返しを恐れたエンキドゥのすすめにより、二人でフワワの首をはねてしまいました。

＊

それから二人は、フワワの死体をもってウルクへ帰り、エンリル神とその妻女神ニンリルに捧げたことが文末からかすかに読みとれますが、このあたりで粘土書板のくさび形文字は終わっています。

アトラ・ハシース神話（アッカド）

『ギルガメシュ叙事詩』第一一の書板には大洪水物語が述べられていますが、それはこの叙事詩のなかでは単なるエピソードにすぎません。この物語を単独にまとめ上げたのが、この『アトラ・ハシース神話』です。アトラ・ハシースというのはアッカド語で「最高の賢者」というような意味で、シュメール語版『大洪水物語』のジウスドラ、『ギルガメシュ叙事詩』のウトナピシュティム、『創世記』のノアにあたります。

＊

世界のはじまりのころ、神々が労役に服していましたが、その仕事は重く、仕事の量はきわめて多いので、神々はだんだんと不満をもらすようになりました。

そのころの大神たちは次のようなものでした。

まず神々の集まりであるアヌンナキは、七人の大神から成っていました。王アヌ、戦士エンリル、式部官ニヌルタ、保安官エンヌギらがそれです。のちにアヌは天へのぼって天神となり、大神のひとりエンキは（知恵の神エアと同じ）地下の深淵《しんえん》アプスーに下りました。エンリルからは多くの神々が生まれました。多くの神々は毎日毎晩、仕事世界をすっかり造り上げるのに四十年かかりました。を強いられ、ついに反逆の火の手を上げました。

エンリルの息子たちである神々は、掘り道具や運び道具に火をつけ、アヌンナキの顧問であるエンリルの神殿に向かい、夜になってこの神殿を包囲しました。エンリルの神殿では、エンリルは眠っていましたが、番人カルカルはこれに気づき、宰相ヌスクを起こして神々の反乱を知らせました。

宰相ヌスクはこれを見てからエンリルの寝室へ行き、言うには、
「わが主人よ、神殿が包囲されております。戦いになりそうでございます」

エンリルはとび起き、神殿の扉を固めて武器を用意するよう命じました。

宰相ヌスクがエンリル神に向かって言うには、

「わが主人よ、神殿を包囲しているのは、あなたさまの息子たちなのです。息子たちをおそれることはありません。

アヌ神とエンキ神に来ていただいて、相談をなさいませ」

そこでエンリル神はすぐに使者をこっそり送り出し、アヌ神とエンキ神を呼びよせ、アヌンナキの大神たちの集まりが開かれました。

まずエンリル神が立って言うには、

「神々がこのわたしに刃向かうとはなにごとか。わたしの神殿に押しよせるとはなにごとか」

するとアヌ神がエンリル神に向かって言うには、

「だれが先に立って反乱を起こしたのか、ヌスクに調べさせよう。

ヌスクよ、門を開いて外に出て、神々にあいさつしたうえで、アヌンナキの名において、だれが反乱を言い出したのかを尋ねなさい」

そこで宰相ヌスクは門の外へ出て、アヌンナキの名において、だれが反乱を言い出したのかを尋ねました。

神々は口々に、それはすべての神々であって、仕事があまりに多く、あまりに重いからだと叫びました。

ヌスクはこれを聴き、もとの場所にもどってアヌンナキにこのことを報告しました。

エンリル神は涙を流し、くやしがって言うには、

「大いなるアヌ神よ、神々のひとりを呼び出し、死を与えてください」

しかしアヌ神はこれに賛成せず、エンリル神に向かって言うには、

「どうして彼らだけを責めることができるだろうか。彼らの仕事はあまりにも多く、あまりにも重かった。わたしたちは、彼らに仕事を負わせすぎたようだ」

それからアヌンナキの大神たちは、こもごもに意見を出しあい、ついに妙案を思いつきました。それは、神々にかわって労働をする人間をつくり出すという考えです。

さっそく出産の女神ベーレト・イリーと、神々の産婆マミが呼ばれ、また原初人ルルーをつくり出すための知恵は、知恵の神エンキにまかされました。

知恵の神エンキは、月の一日、七日、十五日に浄《きよ》めの儀式を行なってから、ウェ

ー・イラ神を原初人ルルーの原型とすることにし、この神の肉と血をとってから、女神ニントゥがそれを粘土にまぜました。

それから彼らは出産の家へ入りました。ここに十四人の出産の女神たちが集まり、ウェー・イラ神の肉と血をまぜた粘土をふみかためました。それからエア神がこれに向かって呪文をとなえ、粘土を十四に分けて十四の出産の女神にわたしました。

この粘土片をもとにして、十四の出産の女神のうち、七人は男を産み、七人は女を産み、こうして人間がこの世に現われました。

人間たちは、ひとたび地上に姿を現わすと、急速に増えはじめました。人間たちは神殿を建て、運河を掘り、土手を築き、食べ物をつくり出してくれましたが、それとともに神々にとってあまりにも騒がしく、うるさくなってきました。神々はついに人間たちの騒ぎにより眠りをもさまたげられるようになりました。そこで、エンリル神を中心にして神々の会議が開かれ、人間どもに罰を与えることが決められました。

まずエンリル神の命令によって、天候神アダドは雨を降らさなくなり、風が吹き荒れて地は乾き、草木は枯れてしまいました。田畑もすっかりだめになり、作物はできなくなりました。

ところが水神エンキは人間たちを滅ぼすことに反対だったようで、人間たちに同情し、ときどき水を送ってやったり、天候神アダドに頼んで雨を降らせたりさせたようです。こうして、さしあたり人間たちは、いくらか被害を受けただけで済んでいました。

しかし神々は黙ってはいません。神々の集まりはエンキ神を非難し、呪いによって反対できないようにしてから、エンキ神に大洪水を起こすように命じました。

エンキ神が言うには、

「なんのために、わたしを呪いでしばるのですか。

なんのために、わたしが大洪水を起こさなくてはならないのですか。

そういうことは、エンリル神のやるべきことです」

そこでエンリル神は、自ら命令をくだし、大洪水を起こして人間たちを滅ぼすことにしました。

エンリル神のやり方に腹を立てたエンキ神は、自分を守り神とするアトラ・ハシースの夢のなかに現われ、彼に向かって言うには、

「アトラ・ハシースよ、わたしがこれから言うことをよく聴きなさい。おまえの葦の家をこわして、舟をつくりなさい。それに屋根をつけて、瀝青で固めなさい。そこにおまえの持ち物をすっかり入れて、生命を失わないようにしなさい。これから七晩たつと、大洪水がやってくるだろう」

アトラ・ハシースは家族を呼びよせ、事情を話し、大きな舟を造りはじめました。それができ上がると、動物や鳥たちを運びこみ、家族の者たちを乗せました。空模様が変わり、天候神アダドが雷をならし、風が荒れはじめ、舟は大きくゆれました。川の水は増し、大洪水がおしよせ、ただよう舟に乗ったアトラ・ハシース以外の人間たちを滅ぼしてしまいました。

人間を創った女神ニントゥ、神々の産婆マミ、そして出産の女神たちは、自らが創り出した人間たちが滅ぼされるのを見て、涙を流して嘆きました。彼女たちは、大洪水を起こしたエンリル神に対して非難のことばを投げつけました。

他方、エンリル神はアトラ・ハシースたちが舟で助かったことを知り、怒って言うには、

「アヌンナキが人間の滅亡を定めたにもかかわらず、助かった者があるというのか」

アヌ神がエンリル神に向かって言うには、

「こんなことを、エンキ神以外のだれがするだろうか。わたしがやったことではない」

こうして神々のあいだでやりとりがあってから、ふたたび神々の会議が開かれ、人間を増やすことが決められました。神々の会議にエンキ神が呼び出され、エンリル神が言うには、

「エンキ神よ、女神ニントゥを呼んで、人間を増やすことを告げなさい。出産の女神たちを呼んで、人間たちが増えるように取り計らうよう命じなさい」

このようにして、人間たちは地上に満ちあふれるようになりました。

鷲に助けられた王（ギリシアのギルガメシュ伝承）

メソポタミアで好まれた英雄ギルガメシュの名は、ずっと後代のギリシア人のもとにも伝えられました。ここには、ギリシア人の著作家アイリアノス（西暦一七〇頃〜二三五）が『動物の本性について』という本のなかでギルガメシュについて書いているところを紹介しておきます。

*

セウエコロスがバビロンの王だったとき、カルデア人（バビロンで予言術を行なった人たち）は、彼の娘が産む息子が祖父の王国を奪うだろうと予言しました。

このことが生ずるのを恐れた王は、娘を家来のアクリシオスにあずけ、厳重に見張りをさせました。

こうしたにもかかわらず、というのは運命の神はバビロンの王よりも賢かったからですが、どのようなわけでか王女は懐妊し、男の子が生まれました。見張り役の男は王の怒りを恐れ、王女が閉じこめられていた城の塔からその子を投げ落としました。

ところが一羽の鷲がこれを目ざとく見て、落下の途中で、落ちる子どもを翼のうえに受け、近くの庭園へこれを運び、気をつけて子どもを地上におろしました。庭番がこの子を見つけ、それがあまりにかわいいので養育しました。この子はギルガモスと呼ばれましたが、彼はのちにバビロンの王になりました。

Ⅳ　神々と人間の物語

アダパの神話（アッカド）

その昔、エリドゥ市の神エア、水の神で知恵の神でもあるエアは、自分の息子としてひとりの人間をつくり出し、アダパと名づけました。

エアはアダパに、特別の知恵を授けましたので、アダパはエアのためによく働きました。エアの住むエリドゥ市の神殿は海に面していましたので、アダパは毎日のように帆かけ舟に乗って海に出かけ、たくさんの魚をとってきて、エアに供えていました。

ある日のこと、大きな鳥の姿をした強い南風が吹き荒れたので、アダパの帆かけ舟はひっくりかえり、彼は海中に投げ出されてしまいました。

アダパは腹を立てて、呪って言うには、

「南風の鳥め、ひどいことをするやつだ。おまえの翼をへし折ってやるぞ」

彼がこのことばを口にすると、本当に南風の鳥の翼は折れ、風は静まってしまいました。

南風が吹かなくなったので、天神アヌはふしぎに思い、大巨人イラブラトに尋ねて言うには、

「七日間も南風が吹かないのはどういうわけかね」

イラブラトが答えて言うには、

「わが主人よ、エア神の息子で人間のアダパが南風の鳥の翼を折ってしまったのです」

するとアヌ神は腹を立て、アダパを呪いました。

他方、知恵のあるエア神は天上で、アヌがアダパに対して立腹したことをすぐ聴きつけ、アダパを呼びよせて忠告しました。

「おまえは喪中であることを示すために喪服をつけ、髪を伸ばしてから、天上のアヌ神のところへ行くがよい。

アヌ神の住まいの入口のところにタンムズ神とギズジダ神がいて、おまえがなぜ喪に服しているのかを尋ねるだろう。

そうしたら、国から姿を消したタンムズ神とギズジダ神のために喪に服しているのだと答えなさい。タンムズ神とギズジダ神は、そのことばに喜び、アヌ神のまえでよく取り計らってくれるだろう。

アヌ神はおまえに、死のパンを差し出すかもしれないが、それを食べてはいけない。

死の水を差し出すかもしれないが、それを飲んではいけない。

衣服を差し出すかもしれないが、それを着てはいけない。

油が差し出されるかもしれないが、それを体に塗ってはいけない。

わたしがおまえに教えたことを、くれぐれも忘れないように」


間もなくアヌ神の使者がやってきて、南風の鳥の翼を折った罰でアダパをアヌ神のもとに連れていきました。

アヌ神の住まいの入口に近づくと、タンムズ神とギズジダ神がいて、アダパに向かって、なぜ喪に服しているのかと尋ねました。

アダパは二人の神に向かって、そしらぬ顔で、国から姿を消したタンムズ神とギズジダ神のためにと答えました。タンムズ神とギズジダ神はこのことばに喜び、アダパをアヌ神のまえに連れていき、何かあれば助けてやろうとそばに控えていました。

アヌ神がアダパを見て言うには、

「アダパよ、おまえはなぜ南風の鳥の翼を折ったのかね」

アダパが答えて言うには、

「わが主人よ、わたしはわたしの主人のために海で魚をとっていました。ところが南風がわたしに吹きつけてきてわたしを海に落としました。わたしは心のなかで南風を呪ったのです」

このときタンムズ神とギズジダ神は、南風が悪いのだとアダパのために弁護しましたので、アヌ神の心はなだめられました。アヌ神はアダパに対して腹を立てたことを後悔し、アダパに特別の贈り物をしてやろうと考えて、おつきの者に命じ、それらのものを運ばせました。

まず命の食べ物がもってこられ、アダパに差し出されましたが、アダパはこれを食べませんでした。

次に、命の水がもってこられ、アダパに差し出されましたが、アダパはこれを飲みませんでした。

次に、神々の衣服がもってこられ、アダパに差し出されましたが、アダパはこれを着ませんでした。

次に、香油がもってこられ、アダパに差し出されましたが、アダパはこれを体に塗りませんでした。

アヌ神はこれを見て、アダパに向かって言うには、

「アダパよ、おまえはなぜこれらを食べたり飲んだりしないのか（そうすれば神になれるのに）。人間はやはり人間じゃ。

さあ、アダパよ、地上へもどりなさい」

こうしてアダパは、エア神のことばを守ることにより、神になれるせっかくの機会を逃がしてしまいました。しかしアヌ神はそれをあわれに思い、アダパが父エア神の市であるエリドゥで特別の権利をもつように取り計らいました。

エタナの神話（アッカド）

大洪水が起こってのちに、神々は会議を開き、人間たちのために一つの町を建てることにしました。この町はキシュと名づけられることになります。

この町にははじめ支配者がいませんでした。人間が増えて、町では争いが絶えなくなったので、神々はこの町に支配者をおくことにしました。

天神アヌは女神イシュタルに、キシュの町の王になるべき人間を選び出すよう命じ、イシュタルは地上を眺めたのちに、多くの羊をたくみに扱っている牧者エタナを見て、これを王とするよう天神アヌにすすめました。

王権を表わす王冠や玉座が天から下り、エタナは牧者から王となりました。

彼はキシュの町に神殿を建て、見張りのやぐらを設け、また運河をつくりました。

彼は妻をめとり、王家のもといを固めようとしましたが、残念なことに子供が生まれないのでした。

話かわって、エタナが建てた天候神アダドの神殿近くにユーフの木が生えていましたが、その根元には蛇が、また梢には鷲が巣をつくっていました。

蛇は鷲と親しくなり、二匹は友情を太陽神シャマシュのまえで誓い合いました。

そののちしばらくして、蛇の一家には子が生まれ、鷲の一家にも子が生まれました。

蛇は野牛や羚羊《れいよう》を襲っては、巣のところへ肉をひきずってきて子に食べさせ、鷲は豹《ひょう》や虎を捕まえては、肉を巣に運んで子に食べさせました。こうしてどちらの子もすくすくと育ち、とりわけ鷲の子はたちまち大きくなりました。

ところが、親鷲は悪いことを思いつきました。遠くまでえさを探しに行く手数をはぶいて、木の根元の巣にいる蛇の子をその代わりにしようという考えです。

鷲がこのことを口にすると、鷲の子が父親に言うには、

「父よ、それはよくないことです。太陽神シャマシュは、誓いを破った者をきっと罰するでしょう」

しかし親鷲はこのことばを聞きいれず、木の根元に飛びおりて蛇の子を食べてしまいました。

晩になって蛇が巣にもどり、ひきずってきた肉を巣の入口に運びこみましたが、巣のなかには子が見あたりません。蛇はすぐに事情を悟り、太陽神シャマシュのまえに出て言うには、

「シャマシュよ、わたしは鷲と友情を誓い、その誓いを守りました。鷲はわたしの巣を荒らし、わたしの子を食べてしまいました。シャマシュよ、どうか悪いことをした鷲を罰してください」

太陽神シャマシュは蛇の訴えをきき、これに同情して言うには、

「蛇よ、野を進み、山を越えていきなさい。そこでおまえは、死んだ野牛を見つけるだろう。その腹をくい破り、そこに入って身をかくすのだ。そのうち天の鳥たちが、野牛の肉を狙って舞い降りてくるだろう。おまえの敵《かたき》である鷲もやってくるにちがいない。その鷲がやってきて、腸《はらわた》に近づいてきたら、その翼をむしりとり、穴に放りこみなさい」

蛇は太陽神シャマシュのことばどおりにしました。つまり、蛇は野を進み、山を越えていき、そこで死んだ野牛を見つけて、その腹に入りました。天の鳥たちがこれを狙って舞い降りてきました。

蛇との誓いを破った鷲も、この死んだ野牛を見つけて、子たちに言うには、

「子たちよ、降りていき、あの野牛の肉を食べよう」

すると賢い鷲の子が父に言うには、

「父よ、降りてはいけません。きっとあの野牛のなかには蛇がいて、待ち伏せしていますよ」

しかし親鷲は子のことばを聞きいれないで、舞い降りて死んだ野牛のまわり、腹のあたりにくちばしを突き入れました。そのとたんに蛇は鷲に襲いかかり、翼をむしり取り、言うには、

「おまえは、わたしの子たちばかりでなく、わたしをも、おまえの子たちに食べさせたいのか。太陽神シャマシュさまが、おまえに罰を与えるのだ」

鷲は蛇にゆるしを乞いましたが、蛇は鷲の羽毛をすっかりむしり取り、深い穴に投げこみました。

鷲はここで、太陽神シャマシュに向かって祈り、そのお情けを乞いながら言うには、

「シャマシュさま、わたしはすでに当然の罰を受けました。あなたのお名前をほめたたえますので、どうぞお助けください」

なさけ深い正義の神である太陽神シャマシュが、鷲に向かって言うには、

「おまえは友情を誓った者をひどく苦しめたので罰を受けたのだ。

だがわたしはおまえを助けてやろう。おまえがいるところに近づく者が、おまえを助けてくれるだろう」

さて、物語にふたたび主人公エタナが登場します。キシュの王となった牧者エタナは、妻をめとったのですが子どもができないのを残念に思っていました。

彼は神々にいろいろの捧げ物をして、子どもが授かるよう祈っていましたが、いっこうにそのききめがないので、ついに太陽神シャマシュのもとに出かけて言うには、

「太陽神シャマシュよ、わたしはあなたに太った羊を捧げ、地には仔羊の血をそそぎました。

わたしは他の神々にも捧げ物をし、仔羊をそなえ、香をたきました。

それでも子が授からないのです。どうぞわたしに子をお授けくださり、わたしの名前がずっと長く残るようにしてください。どうか、天界にあるという〈子宝の草〉についで教えてください」

太陽神シャマシュはこれを聞き、エタナに向かって言うには、

「道を進み、山を越えていきなさい。そうするとそこに一つの穴があるから、そのなかを見なさい。そこに投げこまれている鷲が、天界にある〈子宝の草〉のことを教えてくれるだろう」

エタナはシャマシュのことばをきき、道を進み、山を越えて一つの穴を見いだしました。

鷲はエタナを見て、助けてくれるよう彼に頼みました。

エタナが鷲に向かって言うには、

「わたしはおまえを助けてあげよう。だが一つ条件がある。わたしは天上にあるという〈子宝の草〉がほしいのだ。これを手に入れるために力を貸してくれるということだ」

鷲はエタナのことばを聞き、それを承知しました。

穴から引き上げられた鷲は、エタナからもらった食べ物を食べて、間もなく元気に

なりました。こうして数日がたちました。

エタナが鷲に天界のことを尋ねますと、鷲はつい先ほど見た天界の夢のことを語りました。鷲がエタナに向かって言うには、

「わたしたち二人は天界に達し、アヌ神、エンリル神、エア神の神殿入口に入って最敬礼をし、次にはシン神、シャマシュ神、アダド神、イシュタル神の神殿入口に入って最敬礼をしました。

それからわたしたち二人は、一つの館に入っていき、大部屋へ入りますと、そこには玉座がしつらえてあって、そのうえには美しい顔姿の女神イシュタルが腰かけていました。見ると、玉座の足許にはライオンがねそべっており、わたしがそちらを見ると、ライオンは立ちあがり、こちらに向かってやってくるではありませんか。わたしはふるえ出しましたが、そこで目が覚めました」

鷲はすっかり体もなおったので、エタナは約束を鷲に思い出させました。そこで鷲がエタナに向かって言うには、

「友よ、わたしはあなたを天上までお連れしましょう。わたしの首にしがみつき、わたしに乗ってください」

エタナは言われるとおりにし、鷲はエタナを連れて天上へ飛び上がりました。

地上から一ベール（二時間）進んだとき、鷲がエタナに向かって言うには、

「友よ、大地のようすをごらんなさい。海と山々をごらんなさい。はるか遠くの山が見え、海は池のように見えるでしょう」

二ベール（四時間）進んだとき、鷲はエタナに向かって言うには、

「友よ、大地のようすをごらんなさい。海はもはや、田畑のまわりの運河のように見えるでしょう」

三ベール進んだとき、鷲はエタナに向かって、天が近いことを告げました。

鷲とエタナはアヌの天の領域に入り、アヌ神、エンリル神、エア神の神殿の入口に入って最敬礼をしました。

しかしこの時になって、エタナの気が変わったようです。天を飛ぶ恐怖が先にたち、もはや天界で〈子宝の草〉を手に入れることはあきらめたのでしょう。

エタナが鷲に向かって言うには、

「友よ、わたしはもう天へ行かないことにする。向きを変え、地上に向かってもどっ

てくれないか」

そこで鷲は向きをかえ、地上に向かって降りはじめました。

一ベール進み、エタナは鷲にしがみついていました。

二ベール進み、エタナは鷲にしがみついていました。

三ベール進み、エタナは鷲にしがみついていました。

とつぜん、突風のためか、鷲はエタナもろとも墜落し、空のかなたに消え去ってしまいました。

ネルガルとエレシュキガル（アッカド）

天上の神々が集まって宴会を開いたとき、地下界の女王エレシュキガルに使者をおくることにしました。その用件というのは、今年は御馳走《ごちそう》を天界から地下界へ持っていってはいけないきまりになっているので、地下界から取りに来てほしいと伝えることでした。

天神アヌが、カカをこの使者にしましたので、カカは天界から下り、地下界の入口で門番に用件をつげると、門番は彼のためにつぎつぎに地下界の七つの門を開き、こうしてカカは地下界の奥殿にいる女王エレシュキガルのまえに出ました。

アヌ神の使者カカがエレシュキガルに言うには、

「あなたさまの父君、アヌ神からの使者としてまいりました。

今年はさだめによりたがいに行ったり来たりすることができませんので、御馳走をとりに使者をよこすようにとのことです」

エレシュキガルがカカに向かって言うには、

「カカよ、よく来てくれた。アヌ神、エンリル神、エア神、ナンム神、ナアシュ神、ニヌルタ神（ラガシュ市の神。ニンギルス神）たちは元気ですか」

そしてカカの返事をきいてから、家来ナムタルを呼び出し、天界へ使者として行くことを命じました。

ナムタルはカカとともに天界に達し、エアから御馳走を受けとって地下界へ持ち帰りました。

使者ナムタルがエレシュキガルのもとに出ると、エレシュキガルは天界の神々のようすを聞きただし、敬意を示さなかった神はいなかったかと問いました。

ナムタルは、すぐにはそのような神を思いつきませんでしたが、エレシュキガルがナムタルに言うには、

「おまえが行っても、迎えに出なかった神をさがし出しなさい。わたくしはその者の命をとってやる」

そこでナムタルはまたも天界へ行き、病気と戦争の神ネルガルが、彼に敬意を払わ

なかったことを知りました。そこで彼は、ネルガル神をエレシュキガルの裁きを受けさせるために、地下界に連れていこうとしました。

このことを知ったネルガル神は、父のエア神のもとに出かけて言うには、

「わが父エア神よ、エレシュキガルがわたしを追いかけているので、わたしは命をとられそうです」

エア神が息子ネルガルに言うには、

「ネルガルよ、恐れることはない。わたしはおまえに、地下界の七つの門のために、十四の鬼神を行かせよう。

しかし地下界に着いたならば、最敬礼をしなければいけない。天上の神々も、そこではそうせねばならないのだ」

ネルガルは父神エアに、言いつけを守るむね答えました。エア神はさらに息子ネルガルに向かって言うには、

「おまえは、地下界に剣を持っていってはいけない。森へ行って、いろいろな樹で杖をつくり、それを持っていくがよい。

地下界に達したならば、椅子が運ばれてきても、すぐそこに座ってはいけない。パンが運ばれてきても、すぐそれを食べてはいけない。

肉が運ばれてきても、すぐそれを食べてはいけない。
お酒が運ばれてきても、すぐそれを飲んではいけない。
足許に水が運ばれてきても、すぐそれで脚を洗ってはいけない。
女王が湯あみのために衣服を脱いでも、すぐ誘惑されてはいけない」

それからネルガルは、地下界に向けて出発しました。

ネルガルが地下界の七つの門のうち第一の門に達すると、門番はエレシュキガルに、天界の神がやってきたことを知らせました。エレシュキガルは家来のナムタルを見にやらせると、ナムタルは彼を見て、不快な顔つきになり、いそいで女王のところへ行って言うには、

「女王よ、わたしが使者として天界へ行ったとき、わたしに敬意を払わなかった神が来ました」

エレシュキガルがナムタルに言うには、

「ナムタルよ、彼をここへ連れてきて、地下界のものを食べたり飲んだりさせなさい。そのうえで、わたくしは彼の命をとろう」

ネルガルは門を通ることを許されました。彼は七つの門を通るたびに、用心のために父神エアからまかされた鬼神をひと組ずつ待たせておきました。

ネルガルは地下界の女王エレシュキガルのまえに出て最敬礼をし、アヌ神からのことばを伝えました。

彼のまえに椅子が運ばれましたが、彼はこれに座りませんでした。

彼のまえにパンが運ばれましたが、彼はこれを食べませんでした。

彼のまえに肉が運ばれましたが、彼はこれを食べませんでした。

彼のまえにお酒が運ばれましたが、彼はこれを飲みませんでした。

彼の足許に水が運ばれましたが、彼は脚を洗いませんでした。

しかし女王が湯あみのために衣服を脱ぎはじめると、ネルガルは誘惑されて彼女を抱きしめました。

七日たち、ネルガルはエレシュキガルの怒りを解いたのち、ふたたび七つの門を通り、天上へとのぼっていきました。

ネルガルが立ち去ったことを知ったエレシュキガルが涙を流して言うには、

「エラ（ネルガルの別名）よ、力に満ちた者よ、なぜわたくしを捨てていってしまうのか」

これを聴いた家来ナムタルがエレシュキガルに向かって言うには、

「女王よ、わたしがもう一度天上へ行って、あの神を連れてまいりましょう」

エレシュキガルが家来ナムタルに向かって言うには、

「ナムタルよ、行って、アヌ神、エンリル神、エア神らの大神たちに言いなさい。ネルガルは地下に下って、わたくしを抱いたので、わたくしの夫にならなければならない、と。もしネルガルを地下界に引き渡さなければ、わたくしは死者たちをよみがえらせ、生者たちを食べさせて、死者たちを生者たちよりも多くしてしまう、と」

家来ナムタルはまたも天界に上り、アヌ神、エンリル神、エア神らの大神たちに、地下界の女王エレシュキガルのことばを伝えました。大神たちは、ナムタルがネルガルを地下界に連れていくことを認め、ナムタルがネルガルに向かって言うには、

「ネルガルよ、わたしはあなたを地下界に連れていかなければなりません」

ネルガルがナムタルに向かって言うには、

「ナムタルよ、おまえの言うとおりにしよう」

そこでナムタルがネルガルに向かって言うには、

「ネルガルよ、地下界のいろいろなしきたりをお教えしましょう。地下界には、椅子をはじめとして、地上のいろいろなものを持っていけばよいのです。それらの一部を七つの門に入るたびにおいていくのです」

ネルガルはナムタルのことばを守り、今度は何事もなく七つの門を通って、ふたたび地下界に達しました。

彼は女王エレシュキガルの宮殿に入り、エレシュキガルを倒しておさえつけました。エレシュキガルがネルガルに向かって言うには、

「兄よ、わたくしの命をとらないでください。どうかわたくしの夫になってください。そして地下界の支配者となってください」

ネルガルは手をゆるめ、エレシュキガルをやさしく抱き、口づけしました。

天上のアヌ神もこのことを耳にし、ネルガルがエレシュキガルとともに末ながく地下界に住むことを承知し、そのことを知らせるために家来カカを使者として地下界につかわしました。

怪鳥ズー（アッカド）

大昔、ニップルの町にはエンリル神に捧げられた神殿があり、エ・クル（聖峰殿）と呼ばれていました。

ズーという名の巨大な怪鳥がこの神殿を守っており、エンリル神やその他の神々がここで行なうことをいつも見ていました。

この神殿には〈天命の書板〉と呼ばれる神宝があり、これをもつ者のみが、神々と万物を支配できるのでした。

ズー鳥は毎日この〈天命の書板〉を眺めていましたが、そのうちこの神宝を奪って、神々と万物を支配したいという考えに取りつかれました。

ある日、エンリル神が王冠をはずして玉座におき、水浴しているときを見計らって、ズー鳥は〈天命の書板〉を大きな足ゆびでつかみ、はるかかなたのふるさとの聖峰《クル》をさして飛んでいってしまいました。

このことを知ったエンリル神をはじめとする大神たちは、どうしてよいかわからず、途方にくれてしまいました。

その知らせをきいた各地の神々も集まり、会議が開かれました。

天神アヌが息子である神々に言うには、

「だれがズー鳥を捕らえるかね。その者の名は、ながく残ることだろう」

神々はまず、天候神アダドを指名しました。

アヌ神がアダド神に向かって言うには、

「アダドよ、おまえは力ある者だ。ズー鳥をやっつけてくれ。そうすれば、いくつもの町がおまえのものとなり、おまえの名はながく伝えられよう」

しかしアダド神が父アヌ神に言うには、

「だれも行くことのできない聖峰《クル》にどうして行くことができますか。〈天命の書板〉を手に入れた者に、どの神がかないますか。さからう者は、粘土のようにされてしまうでしょう」

これをきいた神々は、恐怖にかられました。

次に神々は、女神イシュタルを指名しました。

アヌ神がイシュタルに向かって言うには、

「おまえは力ある者だ。ズー鳥をやっつけてくれ。そうすればいくつもの町がおまえのものとなり、おまえの名はながく伝えられよう」

しかし女神イシュタルがアヌ神に向かって言うには、

「だれも行くことのできない聖峰《クル》にどうして行くことができますか。〈天命の書板〉を手に入れた者に、どの神がかないますか。さからう者は、粘土のようにされてしまうでしょう」

これをきいた神々は、恐怖にかられました。

次に神々は、女神イシュタルの息子シャラを指名しました。

アヌ神がシャラに向かって言うには、

「おまえは力ある者だ。ズー鳥をやっつけてくれ。そうすればいくつもの町がおまえのものとなり、おまえの名はながく伝えられよう」

しかしシャラがアヌ神に向かって言うには、

「だれも行くことのできない聖峰《クル》にどうして行くことができますか。〈天命の書板〉を手に入れた者に、どの神がかないますか。さからう者は、粘土のようにされてしまうでしょう」

これをきいた神々は、恐怖にかられました。

神々はあらためて集会を開き、重い心でいろいろ相談したのちに、深淵に住む知恵の神エアを呼びよせて、その意見をきくことにしました。

エア神は深淵から上り、神々の集会にやってきて言うには、

「わたしがズー鳥を捕らえる者を見つけ出しましょう」

神々は喜び、エア神をたたえました。そこでエア神は作戦を考え、彼がこれぞと思うニンギルス神を説得するために、まずその母である女神マハに近づいて言うには、

「あなたの愛するニンギルス神こそ、最高の力をもつ者です。彼こそ、七つの風の武器を使って、敵を破る者です」

女神マハはこのことばに喜び、愛する息子ニンギルスを呼びよせ、彼に向かって言うには、

「おまえはわたくしのために、わたくしが産んだ神々のために、七つの風の武器を使って悪者のズー鳥を捕らえなさい。

わたくしも荒れ狂う風で、おまえを助けてあげます。

悪者のズー鳥を生けどりにし、そののどを切りなさい。

おまえのために、いくつもの町が捧げられ、おまえの名は神々のあいだでたたえられるでしょう」

ニンギルス神は母神のことばをきき、聖峰《クル》を目ざして出発しました。

彼の母である女神マハは彼の戦車に七つの風の武器をつなぎました。ニンギルス神はこの戦車に乗り、砂ぼこりを巻き上げて出発しました。

ニンギルス神は聖峰《クル》の近くでズー鳥と出会いました。ズー鳥は頭から光を放ったので、山々は真昼のように明るくなりました。

ズー鳥がニンギルス神に向かって言うには、

「わたしは神々のすべての権力を奪いとったのだ。そのわたしに挑戦してくるとはど

ういうことだ」

ニンギルス神がズー鳥に向かって言うには、

「わたしはエア神の大きな知恵をさずけられた者だ。わたしはおまえと戦うためにやってきた。おまえを打ち倒してやろう」

こうして二人は烈しくたたかいました。神々も手助けし、とりわけ天候神アダドは雷をとどろかせて、ズー鳥を恐れさせました。

ニンギルス神はズー鳥を狙って弓をひきしぼり、葦の矢を放ちましたが、ズー鳥がそれに向かって言うには、

「葦の矢よ、もとにもどれ。
弓はもとの森へ、弦はもとの動物へ、
羽はもとの鳥へもどれ」

すると、矢はもとにもどり、ズー鳥にはあたりません。

ズー鳥は〈天命の書板〉をもっているので、神々の矢もあたらないのでした。

これを見ていたアダド神は、もどって戦いのようすをエア神に伝えました。

エア神は、ニンギルス神に伝えるようにと、アダド神に向かって言うには、

「弱気を出さずに攻めなさい。

強い風をいっぺんに彼の翼に吹きつけなさい。

投げ矢でその翼を切りなさい。

ズー鳥を捕らえて、そののどを切りなさい」

アダド神はエア神のことばをニンギルス神に伝えたので、ズー鳥の力に恐れをなして弱気を出しかけていたニンギルス神は、元気を出して、ふたたび戦いに出かけました。

ニンギルス神は、とっておきの四つの烈風を取り出してズー鳥の翼にいっぺんに吹きつけると、翼はついにもぎとられて、はるかかなたに落ちていきました。

＊

残念ながらこの神話を記した粘土書板は今のところここまでしか残っていませんが、

神々は〈天命の書板〉を無事取りもどし、万事めでたしとなったにちがいありません。

クマルビの神話（ヒッタイト）

太古のこと、天上界をアラルという神が支配していました。

神々のなかの大神であるアヌ神（アッカドの天神）は、はじめはアラル神の大臣として、いつもそのまえで身をかがめており、手には大きなうつわを捧げもっていました。

アラル神の支配が九年続いたとき、アヌ神はアラル神に対して反乱をおこしました。アラル神は戦いに破れ、暗黒の世界へ行ってしまいました。

アヌ神が支配者となり、天上の玉座に座ると、今度はクマルビが大臣になり、アヌ神のまえで身をかがめ、手には大きなうつわを捧げもっていました。

アヌ神の支配が九年続いたとき、今度はクマルビがアヌ神に対して反乱を起こしました。アヌ神は戦いに破れ、鳥のように天上に逃げようとしました。

しかしクマルビはアヌ神に追いつき、アヌ神の陰部にかみつきました。そのとたんに、クマルビはアヌ神の精子をのんでしまいました。

アヌ神がクマルビをじろりとにらんで言うには、

「おまえは勝ちほこっているが、そうはいかないのだぞ。おまえがわたしの精子をのみこんだために、わたしはおまえに、三柱の恐ろしい神々を宿らせたのだ。その神々とは、第一に天候神、第二にアランザヒ川（ティグリス川）の神、第三にタシュミシュ神だ。これらの神々は、おまえの体のなかで、おまえに恐ろしい苦しみを与えるであろう」

アヌ神はこう言ってから、天上にのぼっていきました。

クマルビはあわてて、一度のみこんだものを吐き出そうとしました。やっとのことで、アランザヒ川の神とタシュミシュ神の精子はクマルビの口からとび出し、はるかかなたの神々のすまいガンズラ山のほうに落ちていきました。しかし天候神の精子だけはクマルビの体のなかにとどまり、しかもだんだん大きくなっていきました。しかも天上にのぼったアヌ神は、天界から天候神に話しかけ、クマルビのどこから生まれ出たらよいかを教えました。

例の出来事から七か月たち、ついに月満ちたある日、クマルビが眠っているあいだに、天候神はその口からそとにとび出しました。この日を待ちわびていたアヌ神は、さっそく天候神に力と勇気をさずけ、クマルビに対して戦いをいどむよう命じました。

＊

こののち、天候神とクマルビとのあいだに戦いが行なわれ、天候神が勝ってクマルビが逃げ出したにちがいありませんが、残念ながらこの部分の粘土書板約四十行は破損が多くて読めません。なお物語の次の部分には、クマルビがはじめにはき出したアランザヒ川の神とタシュミシュ神の精子がガンズラ山の地面に落ち、これも数か月をへて大地から生まれる情景が述べられています。他方、天候神に負けたクマルビは、仕返しを企んでいました。

＊

クマルビは、どうしたら天候神に仕返しができるかと、毎日考えをめぐらしていました。

ある日、彼はとつぜん、ある考えを思いつき、杖を手にもち、風の靴をはいて、ウルキシャの町を出発し、山すその泉の近くにやってきました。そこには大きな岩があり、その岩にはくぼみがありました。彼はこのなかに彼の精子をつぎこみ、岩の子どもを産ませようと思いついたのでした。もちろん憎い天候神に仕返しをするためです。

こののち、クマルビは従者イムパルリを海の精のもとに行かせました。これは、岩から子どもが生まれたときに、海中でひそかに育ててもらうためでした。

海の精がイムパルリに向かって言うには、

「イムパルリよ、もどってクマルビに伝えなさい。あなたのために、料理はすでにととのえられており、歌い手や楽器も用意されている。あなた自身が、この館へ来るがよい、と」

こうしてクマルビ自身が海の精の館へ行きました。

海の精が家人たちに向かって言うには、

「さあ、クマルビのために椅子と食卓を運びこみ、食べ物と飲み物をもってきなさい」

家人たちは料理を運びこみ、二人はぶどう酒をくみかわし、岩から生まれるクマルビの子の養育のことを相談しました。

さて月満ちて、例の岩からクマルビの息子が生まれ出ました。クマルビはこの子をひざのうえにおき、ひとり言を言うには、

「さて、この子になんという名をつけようか。これは天候神の町クムミヤを打ちこわし征服するものであるから、ウルリクムミ（「クムミヤを打ちこわす者」の意）とつけよう。クムミヤを征服し、天候神を打ちたおせ。塩のように、蟻《あり》のように押しつぶせ。すべてをたたきつぶせ」

クマルビは従者イムパルリを使者として養育係の女神たちを呼びよせ、この岩から生まれた赤児を世話するよう頼みました。

女神たちはこの岩の赤児を、海の巨人ウペルリのところへ連れていき、その右肩にこれをおきました。すると岩の赤児ウルリクムミは、毎日一アムマトゥ（約四〇センチ）の高さに、そしてひと月で一イクーの大きさに広がっていきました。

十五日たつとウルリクムミは巨大な岩の男に成長し、海から出てきました。その背は天上に達し、天上の神殿をのぞきこめるぐらいでした。

天上にいた太陽神は、巨大なウルリクムミを見てびっくりし、次にはこの侵入者に怒りを発して、このことを伝えるために天候神のところへ出かけました。

天候神は、クマルビの口からはき出されて成長したタシュミシュ神とともにいましたが、太陽神が近づいてきたので、食卓と椅子を用意しました。しかし太陽神は椅子にかけようともせず、怒りを顔に表わしています。

天候神がその理由をきくと、太陽神は、クマルビが岩に産ませて海の精に育てさせた巨大なウルリクムミが天上にまで侵入したことを話しました。

天候神はこれを聞き、心のなかでは怒りを感じましたが、このことを知らせてくれた太陽神に感謝し、あらためて食事にさそったので、太陽神はよろこんで食べたり飲んだりし、それから天上へと去っていきました。

それから天候神とタシュミシュ神は、巨大なウルリクムミをどうやって退治したらよいかと相談しましたが、なかなか名案が浮かびませんでした。

これを見ていた女神イシュタルが、彼ら二人に言うには、

「わたくしが歌をうたい、踊りをおどってウルリクムミを誘惑し、手なずけてみましょう」

そして女神は海辺へ出かけ、楽器を手にしてうたったりおどったりしましたが、巨大なウルリクムミは見むきもしませんでした。海のなかから大波の精がイシュタルに向かって言うには、

「あなたが歌や音楽をきかせているあの巨人は、耳が聞こえず、目も見えないのですよ。そうしているうちにも、彼はだんだんと大きくなっているのですよ」

女神イシュタルはこれをきくと、楽器を投げすてて立ち去りました。

イシュタルの試みが失敗であったことを聞いた天候神は、とにかくこの岩の巨人に挑戦することにし、タシュミシュ神とともに戦いの準備をしました。

彼は戦車にのり、兵たちを連れ、また天の雲を呼びよせてからウルリクムミを攻めましたが、その間にもその背丈は三倍にもなり、とうてい歯が立ちませんでした。

天候神はやむをえず神々に助けを求めました。神々は力をあわせて巨人ウルリクムミを攻めることにし、軍神アシュタビを先頭に雷鳴をとどろかせて岩の巨人に挑みました。しかしウルリクムミはびくともしないばかりか、七十人の神々を押しかえし、すべてを海中に落としてしまいました。

その間にもウルリクムミの背丈はのび、いよいよ天候神の神殿に迫ってきました。タシュミシュ神が天候神に向かって言うには、

「こうなったら、知恵の神エアのもとに行き、その入口で五たび、十たび、十五たび最敬礼をし、その知恵にたよるしかありません」

そこで天候神はタシュミシュ神とともにエア神の住むアブズワの町へ出かけていき、その助力を訴えました。

エア神は二人の神の訴えを聞き、まずウルリクムミの成長を手助けした巨人ウペルリのところへ行って言うには、

「ウペルリよ、おまえの右肩から育ったウルリクムミが、天上の神々をひどい目に遭

わせ、さらに天候神を殺そうとしていることを知らないのかね」

巨人ウペルリがエアに向かって言うには、

「わたしが知らないうちに、天と地が神剣で切り離されたが、わたしの右肩にのっているのがだれかもわたしは知らないのだ」

このことばをきいたエアに、一つの考えがひらめきました。どこかにその神剣があるはずです。エアが神々に向かって言うには、

「わたしに思いついたことがある。祖先から伝わる文書をしらべれば、遠い昔に天と地を切り離した神剣がどこにあるかがわかるだろう。その神剣で、ウルリクムミの岩の脚を切り離つのだ」

エア神のことばによって、文書が調べられ、神剣が見つけられました。

天候神とタシュミシュ神は勇気百倍、さっそくその神剣でウルリクムミの岩の脚が切られました。

巨大なウルリクムミは海中に倒れました。天候神の軍勢はこれに襲いかかり、ついにこの巨大な岩の怪物をこなごなに打ちくだき、天上界に主権をうち立てました。

竜神イルルヤンカシュの神話　Ⅰ・Ⅱ（ヒッタイト）

原文はヒッタイト国ネリク市の嵐神プルリヤシュの物語ということになっていて、ひと続きの物語なのですが、竜神イルルヤンカシュの二つの物語が組み合わされているようなので、Ⅰ・Ⅱにわけました。

Ⅰ

嵐神と竜神イルルヤンカシュが争い、竜神が勝ちました。

嵐神は、力ではかなわないが、知恵を働かして竜神を打ちまかそうと考え、神々に助力を求めました。とりわけ風と空気の女神イナラシュの知恵を借り、竜神を酒で酔わせて殺す計略をめぐらしました。

それから嵐神が多くの神々に向かって言うには、

「神々よ、どうぞ女神イナラシュに力をお与えください。彼女がこれから特別の儀式を行ないますから」

そして彼は、いろいろな種類の酒をかめに入れて準備をしました。

他方、女神イナラシュは、竜神をおびき出すのには危険がともなうことを知っていましたので、竜神を殺すことは人間にやらせようと考えました。たまたまフパシャシュという名の人間に出会いましたので、イナラシュがフパシャシュに言うには、

「フパシャシュよ、わたくしは竜神退治を頼まれているが、それを手伝ってくれないか」

それに対してフパシャシュは、神の力を得るために女神を抱くことを条件としました。女神イナラシュはこれを承知しました。

それから女神イナラシュは、フパシャシュを儀式の場所へ連れていき、小屋のかげに隠し、その近くで飾り物などを身につけて儀式をはじめました。

少しはなれた自分の小屋でこれを見守っていた竜神は、そこにおかれたいろいろな種類の酒の香に惹《ひ》かれて、だんだん近づいてきました。

女神イナラシュは手まねきし、竜神とその一族に食べ物や飲み物をすすめました。竜神たちは酒をすっかり飲みほし、酔いがまわって動けなくなりました。

これを見た人間のフパシャシュは、かくれていた小屋から出てきて、竜神をしばり上げました。そこへ嵐神がかけつけ、竜神を斬り殺してしまいました。

フパシャシュはこうして神々の仲間に入り、神々とともに日々をすごしていました。しかし女神イナラシュは、フパシャシュがいつかは人間界のことを思い出し、帰って他の人間に神の力をひろめるのではないかと警戒し、彼のためにタルッカ国の高台に家を建てて住まわせました。

この家に彼を連れていったとき、女神イナラシュが彼に向かって言うには、

「わたくしがいないときに、この家の窓からそとを見てはいけません。妻や子どもを見て、家へ帰りたくなると困るから」

フパシャシュはしばらくは女神のことばを守っていましたが、二十日目についにがまんができなくなり、家の窓を開きますと、はるかかなたに妻と子どもがいるのが見えました。

フパシャシュはわが家が恋しくなり、女神イナラシュが帰ってくると、家に帰らせてくれるよう訴えました。

女神イナラシュは、彼女のことばを守らなかったフパシャシュに対して烈しく腹を立て、ついに彼を殺してしまいました。

Ⅱ

また別の竜神イルルヤンカシュの物語が伝わっています。ここでも、竜神は嵐神と仲が悪く、たえず争っていました。

竜神イルルヤンカシュは、嵐神と戦って、その心臓と目を奪ってしまいました。

嵐神はなんとかして仕返しをしようと思い、ひとりの貧乏な男の娘と結婚して、男の子をもうけました。

この男の子が成人すると、嵐神はうまく取り計らって、この子を竜神イルルヤンカシュの娘と結婚させました。

このとき嵐神が男の子に言うには、

「おまえは妻の家へ行ったら、嵐神の目と心臓はどこにあるかを聞き、それをわたしのところへもってきなさい」

嵐神の息子は、父親に言われたとおりにしたので、嵐神は無事に心臓と目を取りもどしました。

そこで嵐神はふたたび竜神イルルヤンカシュと戦うために、彼の家を襲いました。しかし妻を見捨てることができなかった嵐神の息子は、家を離れなかったので竜神とともに命を失いました。

本書に収めた作品について

本書に収めたメソポタミアの神話の原文は、比較のために加えた短い一篇（『鷲に助けられた王』。原文ギリシア語）以外はすべて粘土書板にくさび形文字で書かれたものである。これらは欧米の専門家によって研究され、各国語で刊行されている（くさび形文字の原文がそのまま刊行されている場合もあるが、ローマ字の組みで刊行、研究されていることも多い）。

日本ではオリエント研究が欧米に比べておくれていたが、今日ではこれらの原文を読む専門家もかなり現われており、本書に収めた作品の大部分の邦訳がすでに試みられている。筑摩書房刊『古代オリエント集』（杉勇・三笠宮崇仁編。筑摩世界文学大系1）がそれである〔編集部注――同書の「シュメール」の章は、杉勇・尾崎亨訳『シュメール神話集成』（ちくま学芸文庫、二〇一五年）として刊行されている〕。

粘土書板はパピルスや紙と比べて保存がよく、そのおかげで今から三〜四千年もの太古の作品がそのまま残っているというのは驚くべきことだが、保存がよいといっても土中に積み重ねられていたり、廃墟の書庫にばらまかれていたりして一部がこわれたり、その他の理由で欠けていることもたいへん多く、また解読が進んでいるといっても、一度忘れられた言語（シュメール語、アッカド語、ヒッタイト語）のことであるから、不明の部分も少なくない。前記の『古代オリエント集』では、これらの部分をなるたけ原文に忠実に訳しているために、筋がよくわからなくなったり、読みにくいところがあるのも事実である。

本書では、読者の中心が若い人たちということもあり、またこれらの不完全な形で残っている作品を、とにかく一つのまとまった物語としてとらえてみようという考えから、部分的にかなり推定による補筆を行ったことをお断りしておきたい。神話・伝説・民話というようなものは、こうしたプロセスのつみ重なりによって今日の姿をとるに至っているのだから、これも一つのやり方ではなかろうかというのが筆者の考えである。

ついでながら、筆者がかつて英語から訳出したTh・H・ガスター著『世界最古の物語』（社会思想社）には、本書に収められたものと共通の作品が七篇収められている〔編集部注——二〇一七年、「東洋文庫」の一冊として平凡社より再刊〕。これらはガスター教授によってほとんど別の作品ともいえるほどにリライトされており、これと比べれば本書のやり方のほうが原文の意味するところに近いと筆者は考えている。しかしガスター教授のまとめ方およびその根拠を示した解釈はきわめて興味深いものなので、併せ読むことをおすすめしたい。

以下には、各篇について個別的な解説を記しておくことにする。

(1) 人間と農牧のはじまり

『古代オリエント集』で「人間の創造」および「農牧のはじまり」(五味亨訳)と名づけられている二つの短い作品を一つにまとめた(編集部注——ともに『シュメール神話集成』所収)。前者はアッシュール旧址出土の粘土書板(一九一九年刊行)、後者は出土地不明の粘土書板(一九一八年刊行)で、後者は内容的に不明の個所がたいへん多い。一般に、シュメール語の研究はかなり進んでいるとはいえ、まだまだ不明の点が多く、研究者によって同じ単語や文が別様に解釈されることもしばしばある。

(2) バビロニアの創世記

『古代オリエント集』では「エヌマ・エリシュ(天地創造物語)」(後藤光一郎訳)となっているもの。「エヌマ・エリシュ」というのは、この作品の出だしの二語の音読で、これは「エヌマ・エリシュ・ラー・ナブー・シャマム、シャプリシュ・アンマトゥム・シュマ・ラー・ザクラット」（まだ上に天は名づけられず、下に地がその名を呼ばれないとき）とつづく。作品のはじめの一、二語をその作品の題名とするやり方はメソポタミアではじめられ、ヘブライ人もこの方式で『旧約聖書』の各篇を呼んでいる。たとえば「創世記」は「ベレーシート」（はじめに）と呼ばれているが、これは「ベレーシート・バーラー・エローヒーム・エト・ハッ・シャマーイーム・ウハー・アーレッツ」（はじめに神は天と地を作った）とつづく。

原典は他の多くの作品と同じくニネヴェ旧址のアッシュール＝バニパル王宮書庫から出土し、今日ロンドンの大英博物館に収められているアッシリア語版を主とし、他にも断片が多数見つかっている。一八七五年に大英博物館のジョージ・スミスによって紹介されて以来きわめて多くの研究・翻訳があるが、一九六六年にW・G・ランバートが新たに原文の校訂版を公刊している。主要原典は七つの書板の表裏に記され、計一〇六〇行ほどが残っているが、一部はかなり欠けている。

バビロニアでは新年は春にはじまり、バビロンの神殿で一週間にわたる祭儀が行なわれた。その第五日はアキトゥー祭と呼ばれ、王権更新の儀式が行なわれたが、その前後にこの作品が朗誦され、またある種のドラマが演ぜられたと思われる。それはエンリル神にとって代わってバビロンの主神となったマルドゥーク神の縁起物語であった。

この作品は、一部はシュメール伝来の宇宙論にもとづいているが、広くメソポタミアの宗教思想・世界観を知るためにきわめて重要なものとされている。

(3) **イナンナ・ドゥムジの神話**

『古代オリエント集』で「イナンナの冥界下り」(五味亨訳)と題されているもので〔編集部注――『シュメール神話集成』所収〕、原典はニップル出土テキストと、これを補足するウル出土テキストがあり、シュメール語学の権威の故ファルケンシュタインやクレイマーによる研究がある。しかし内容に疑義が多く、主要テーマについても問題が残されている。また第二は、イナンナの夫ドゥムジの運命が最終的にどうなったのかがはっきりしないことであり、物語の細部についても不明の部分が多い。本稿ではかなり多くを推測によって一貫した物語にしようと試みたことをお断りしておく。

(4) **イシュタル・タンムーズの神話**

本文に記したように、この神話は前掲のシュメール版「イナンナ・ドゥムジの神話」の一部をアッカド語に訳したもので、二種類のくさび形文字原文（ニネヴェ版とアッシュール版）が残されている。前掲のシュメール版「イナンナ・ドゥムジの神話」の長い物語のうち、主人公の地下界往復の部分のみを取り上げているのは、この部分を病人の快癒祈願のために使ったという説がある。原文には一二五行の本文に約一三行のつけ足しがあるが、その部分の意味は明らかではない。しかしそこにタンムーズ神の名が敬意をもって記されているので、アッカド版のこの神話が地母神信仰と関連づけられていることは疑いえない。

(5) テリピヌの神話

原文はボアズケイ出土のくさび形文字文書が一九二六年に公刊され、一九三三年にA・ゲッツェが最初の訳を出した。それ以後H・オッテンやTh・H・ガスターの研究がある。しかし原文の約三分の一が失われたままであり、語句にも不明の部分が多い。いずれにせよ、この神話がシュメール・アッカドの前掲二神話の流れを汲む「地母神神話」に属することは間違いない。なお『古代オリエント集』では「テリピヌ伝説」（丸田正数訳）となっている。

(6)　**ギルガメシュ叙事詩**

主要原文はニネヴェ、アッシュール＝バニパル王宮書庫出土のアッシリア語版で、他に若干の古バビロニア語版およびヒッタイト語版断片などがある。一八七二年に大英博物館で働いていたジョージ・スミスがニネヴェ版「大洪水物語」を発見して以来、この作品の全体像がしだいに明らかになってきたが、このニネヴェ版は当初約三六〇〇行あったと思われる原文のうち、約二〇〇〇行が今日知られているにすぎない。しかし他の補助資料および推定によって、ストーリーをほぼ忠実に追うことができる。とりわけ「大洪水物語」を含む第一一の書板はほぼ完全に残されている。なお、原文の第一二の書板はシュメール語版のほぼ忠実な訳であり、エピソードの形となっている。これはシュメール語の原文が見つかっているので、本書では次節にこれを収録した。

この叙事詩は単なる神話の集成ではなく、「不死の探求」という不滅のテーマによって組み立て直された文学作品となっているところに最大の特徴がある。他方、この叙事詩とホメロスの『オデュッセイア』との類似が論じられているが、これはオリエント世界とギリシア世界の文学的なつながりという点で注目されている。

この作品は筆者による原文訳、ガスターの散文英訳からの邦訳があるが、本書では

二、三の点で原文のストーリーを独自に解釈したところがあることを記しておきたい。この作品についての詳細は左記書参照。

矢島文夫訳『ギルガメシュ叙事詩』初版一九六五年、増補二版一九七一年（山本書店）〔編集部注――一九九八年、「イシュタルの冥界下り」等を併録する形でちくま学芸文庫より再刊〕。

(7) **シュメールのギルガメシュ神話**

前項に記したように、ニネヴェ版『ギルガメシュ叙事詩』第一二の書板はシュメール語原文の直訳で、その原文が別に発見されている。アッカド語『ギルガメシュ叙事詩』が首尾一貫した文学的作品に仕上げられているのに対し、シュメールの素朴な世界観や民話風のテーマが含まれていて興味深い。

なお、現代チェコの作曲家B・マルティヌーがこの部分を主題に使用したオラトリオ風の作品がある。

(8) **アトラ・ハシース神話**

『ギルガメシュ叙事詩』第一一の書板に物語全体に対するエピソードとして述べられ

ている「大洪水物語」を主題とする物語で、主人公アトラ・ハシースは「最高の賢者」という意味であり、『旧約聖書』のノア、『ギルガメシュ叙事詩』のウトナピシュティムにあたる。

原文はこれもニネヴェ旧址で発見された文書を中心に再構成されているが、一九六九年になってかなり多くの新発見テキストを加えた原文が公刊され、全体の姿が明らかになってきた。『古代オリエント集』では、本書と同じく「アトラ・ハシース物語」（杉勇訳）として収録されている。しかし原文は繰り返しや断欠が多いので、本書ではかなり簡略化している。

(9) 鷲に助けられた王

メソポタミア起源のギルガメシュの神話は周辺世界にも伝えられ、シュメール・アッカド語版の他に、ヒッタイト語、フルリ語の断片も知られている。本文中にも記したが、この短い物語は、この神話がギリシアにも伝えられたことを示している珍しい例なので、特に収録した。しかしここでは、ギルガモス（ギルガメシュ）の名を使っているだけで、物語自体はオイディプス（エディプス）の神話にも見られる「捨て児伝説」の一変形とも考えられる。

(10)　**アダパの神話**

原文は四つの断片から成る（その一つはエジプトで発見されたアマルナ文書に含まれていたもの）。『古代オリエント集』では「アダパ物語」（杉勇訳）となっている。神の目から見れば、人間とはおろかなものだという主題（エデンの園における人間の堕落の物語に代表される）を民話風にまとめた素朴な神話である。

(11)　**エタナの神話**

エタナはシュメールの実在の王で、記録によるとキシュ第一王朝第十三代の王とされている。歴史記録にも「天に昇ったもの」とあり、この神話が歴史と結びついていることを示している。ただしこの物語は二つの神話（一つはむしろ民話というべきもの）を組み合わせて作られている。原文は古バビロニアから新アッシリアにいたる数種の断片が残されており、全体像はきわめてつかみ難い。ギリシア神話の「イカロスの物語」との類似も指摘されている。『古代オリエント集』では「エタナ物語」（後藤光一郎訳）となっている。

(12) **ネルガルとエレシュキガル**

ネルガルは地下界に住む疫病や戦争の神だが、この神話によれば、本来は天上の神であったが地下界に下って女王エレシュキガルの夫となり、ここにとどまることになったとされている。メソポタミアにおける地下界（死者の世界）についての観念を知るうえで重要な作品の一つである。

原文はアマルナ文書の一部をなすバビロニア語版と、新アッシリア語版の二種があり、多少物語に相違がある。ここでは細部をはぶいて物語の流れをとらえるよう努力した。『古代オリエント集』では同名（後藤光一郎訳）で収録されている。

(13) **怪鳥ズー**

古代人はしばしば嵐や烈風を大きな鳥と同一視し、神々が支配する世界を破壊するものとみなした。ここでも怪鳥ズーは、神殿の守り手として外敵に立ちむかう立場にありながら、天界の宝物である「天命の書板」を奪って、主権を手にしようとする。それに対して、主神エンリルの息子ニヌルタが、知恵の神エアの助けによってこれを征伐する物語である。

原文はニネヴェ版を中心に、きわめて多くの断片によって再構成が試みられているが、今のところ完全ではない。『古代オリエント集』では「ズーの神話」（後藤光一郎訳）となっている。繰り返しが多く、細部には不明の個所が少なくないが、ここではそれらをかなり整理してみた。

(14) クマルビの神話

主要ヒッタイト語文献が出土したボアズケイ文書に含まれているものであるが、ヒッタイト人とは別の系統のフルリ人（旧約のホリ人）神話がとり入れられたものとされている（このことは本文中に現われる神名、地名などから推定される）。しかしシュメール・アッカド神話とともに、ギリシア神話とのつながりが認められることも注目すべきである。たとえば、天の主権の交替にこれが見られる（アヌとクマルビと天候神の「革命」は、ギリシア神話ではウラノス、クロノス、ゼウスのそれに対応する）。

全体として、自然的背景に、シュメール・アッカドとは異なり岩山が多い小アジア的雰囲気が感じられる神話である。『古代オリエント集』では「クマルビ神話」（轟俊二郎訳）となっている。

⒂　**竜神イルルヤンカシュの神話**

古代人のもとでは、しばしば烈しい水の流れ（河、洪水、滝）は蛇に似た生物、つまり竜と想像された。人間に害を加える悪竜を退治する物語は、とりわけ小アジア・カフカス地方を中心に各地に流布している。その一つはキリスト教の聖者となった聖ジョージ（ゲオルギウス）の竜退治の物語となり、キリスト教の広まりとともに有名になった。また東洋に入ったものは、インド・中国を経て、日本神話の「八俣大蛇《やまたのおろち》」の神話を生んでいる。

本神話のヒッタイト語原文も、他の多くと同じように断欠や不明の語句が多いが、上記のような比較神話学の観点から興味深い一篇である。『古代オリエント集』では同名（杉勇訳）で収録されている。

解説　世界とつながる、メソポタミア神話

沖田瑞穂

イシュタルに、エレシュキガル。
ギルガメシュに、エンキドゥ。
メソポタミア神話に登場する女神の姉妹と、英雄の親友たちです。
じつは今、彼女ら彼らは、とても有名なのです。

わたしが受け持つ大学の神話の授業で、数年前から、ある変化を感じていました。学生たちが、神話の神々や英雄、小道具などの名称について、少々マイナーなものであっても、とても詳しいのです。インドでいうと、『マハーバーラタ』の英雄アルジュナや、その得意とする弓のガーンディーヴァといった固有名詞が、やけによく知られています。一体どうしたことでしょう。

学生に聞いてみました。すると、「先生、ゲームに出てきますよ」と。
そう、いま、ゲームの中で神話の神々や女神たち、英雄たち、女性たちが大活躍し

ていて、まさに世界の神話の万神殿の様相を呈しているのです。それらのゲームを通じて、いま神話の知識への需要が、かつてないほどに増しています。

そのタイミングで、本書、矢島文夫氏の『メソポタミアの神話』がちくま学芸文庫として復刊されると聞き、わたしは小躍りしました。メソポタミアの神話は世界の神話の中でもダントツに古く、各地の神話に影響を与えています。そして前述の通り現代にもその姿を現わしていて、その重要性はいや増しに増しているからです。

メソポタミアの神話が、古代の他地域の神話とどのような関連にあるのか、少し例を挙げて見てみましょう。

「I　天地創造の神話」では、ティアマトがでてきます。原初の海水の女神です。ティアマトは若い世代の神々と争いになり、その筆頭であるマルドゥーク神に殺害され、竜の身体を引き裂かれて、その身体から世界が形づくられました。

この神話は「世界巨人型」と呼ばれるタイプの神話に分類することができます。世界巨人型とは、原初の巨人が死んでその死体から世界が造られたとする神話です。たしかに、ティアマトは竜の姿をしているので「巨人」ではないのですが、神話の構造としてはまちがいなく世界巨人型です。同型の話は中国、インド、北欧などに分布しています。中国では盤古、インドではプルシャ、北欧ではユミルという、いずれも原初の巨人がいて、彼らが死んでその死体が天と地、太陽と月など世界の構成要素となりました。ユミルといえば、話題の漫画『進撃の巨人』(諫山創・作)にもその名が出てきました。

「Ⅱ　タンムーズ神話」では、イナンナの冥界下りについて紹介されています。イナンナは冥界に下ることを決意し、身を飾り立てて出かけていきます。地下界の門番に装飾品や衣服を一つずつ奪われ、最後には全裸で姉である冥界の女王エレシュキガルのもとにやって来ます。

これとよく似ているのが、意外にも遠く離れたニュージーランドの神話で、タネという男の神がヒネという妻で娘でもある女神を迎えに冥界に行きますが、このときにも「冥府の番人たちのところを通過」しているのです。冥府には門が複数ありそれぞれ番人がいる、というアイデアが共通しています。

「Ⅲ　ギルガメシュ神話」では、その中で語られる洪水の話の中で、人間は洪水によって「粘土になってしまった」とイシュタルが嘆きます。ということは、人間は粘土で造られたということですが、人間が「土」で造られたとする神話も、実はかなり広く見られるモチーフなのです。『旧約聖書』では最初の人アダムは土のちりから造られました。中国では女神女媧《じょか》は粘土と泥で人間を造りました。ニュージーランドではタネ神が土で最初の女を造りました。最初の女というと、ギリシアでも最初の人間の女パンドラは工作神へパイストスによって粘土から造られています。

なぜ、人間は土から造られたことになっているのでしょう。人類が古くから粘土をこねて神の姿を造っていたことと関係があるかもしれません。それと同じように、神も土で人間を造ったのだ、という思考です。

この洪水は、人間を滅ぼすために神々が計画したものですが、洪水の後エアという神が洪水の首謀者であるエンリル神に言います。「洪水のかわりにライオン、狼、飢饉、ペストで人間には十分だったのに」。ここには、人間が増えすぎるとよくない、そうなったときには猛獣や飢饉や病によって人間が減らされる、という神話的な思考が表われています。

このアイデアは、インドの叙事詩『マハーバーラタ』にも通じるところがあります。『マハーバーラタ』の主題であるクルクシェートラの大戦争は、増えすぎた人類の重荷に苦しんだ大地の女神の懇願によって行われたことになっているのです。やはり、人間が増えるのはよくない、増えすぎれば様々な災厄が起こって人間が減らされる、という思考が見て取れます。産めよ増やせよ、が良かったわけでは決してないのです。

人口の急激な、あるいは極端な増加は貧困と死につながり、古代世界ではとても恐れられていたのです。

私がこれを書いているまさにこのとき、新たな疫病によって人類は脅かされ、社会は停滞し、心身ともにじわじわと病に追い詰められています。人類は増えすぎると神々がもたらす災厄でその数を減らされる——。今でもその神話的思考は生きているように思えてなりません。

「Ⅳ　神々と人間の物語」ではアッカドの怪鳥ズーの神話が紹介されています。ズー鳥は〈天命の書板〉を盗んで無敵となっていました。これに対抗するのがニンギルス神です。ニンギルスは四つの烈風を鳥に吹きかけて鳥を退治しました。ズー鳥の翼はもぎ取られてはるか彼方に落ちていきました。

このズー鳥の話は、インドの鳥の王・ガルダの話と似ているところがあります。ガルダ鳥は母ヴィナターが産んだ卵から出てきましたが、母が蛇族の奴隷となっていたため、自身も奴隷として蛇族に仕えていました。奴隷の状態から解放されるため、ガルダは天界に赴いて不死の飲料アムリタを盗んできます。天界の神々と戦闘がはじまりますが、ガルダ鳥にかなう神はどこにもいませんでした。しかしガルダは、インドラ神の武器である金剛杵に敬意を表わし、「羽を一枚落とし」ました。ガルダはインドラと共謀して蛇族にアムリタを与えるふりをして自分と母を奴隷の状態から解放させました。その後すぐにインドラがアムリタを回収して天に去りました。

メソポタミアのズー鳥も、インドのガルダ鳥も、〈天命の書板〉や〈不死の飲料アムリタ〉のような神々にとって欠かすことのできない大切なものを奪います。しかしある一人の神がこの鳥と戦って、最終的にそれを取り戻します。その後、「鳥の翼や羽が落ちた」という描写がどちらの神話にも表われます。

メソポタミアとインドで、話がとてもよく似ているのです。その理由ははっきりとは分かりませんが、メソポタミアとインドのインダス文明が古くから交流を持っていたことと関係があるかもしれません。

同じ章でヒッタイトの神話として紹介されているイルルヤンカシュの神話も興味深いものです。竜神イルルヤンカシュは雷神と戦って、その目と心臓を奪って隠していました。雷神は息子を竜神の娘に嫁入りさせて、隠されていた目と心臓を取り戻しました。昔話にもつながるようなおもむきのある話です。特に、心臓が本体から離れても生きている、というモチーフは、エジプトの古い説話にも表われます。バタという男が心臓を取り出して松の木につるしているのです。松の木が伐られて心臓が地面に落ちると、バタは仮死状態になりますが、兄が心臓を口から飲ませてやることで蘇生しました。このモチーフはヨーロッパの昔話にも頻出し、「体外魂」「分離霊魂」と呼ばれています。心臓が体外にあるので本体をいくら攻撃されても死ぬことはない、しかし隠された心臓を攻撃されたら死ぬ、というものです。このタイプの話は、現代の世界的な文学作品の中でたいへん有名になりました。そう、J・K・ローリング作『ハリー・ポッター』シリーズです。ハリーの宿敵ヴォルデモートは自分の魂を七つに分けて宝物などの中に保管していました。作中では分霊箱（ホークラックス）と呼ばれています。ハリーたちはこれを一つずつみつけて破壊していったのです。こうして、メソポタミアの神話は、現代の文学にもつながっていきます。

このように見てくると、矢島氏によって美しい文章で紹介されたメソポタミアの神話は、他の様々な地域の古い神話と関連があるばかりか、現代の文学や、ゲームなどにもつながる要素を持つ、まさに物語の宝庫であり源泉であるといえるでしょう。

二〇二〇年　二月

（おきた・みずほ　神話学者）

本書は、一九八二年七月、筑摩書房より「世界の神話」シリーズの一冊として刊行された。文庫化に際しては、常用漢字表（平成二二年一一月告示）に照らして一部のルビを割愛したほか、書誌情報等を補った箇所がある。

資治通鑑
司馬光 田中謙二編訳

全二九四巻にもおよぶ膨大な歴史書『資治通鑑』のなかから、侯景の乱、安禄山の乱など名シーンを精選。破滅と欲望の交錯するドラマを流麗な訳文で。

十八史略
曾先之 今西凱夫訳 三上英司編

『史記』『漢書』『三国志』等、中国の十八の歴史書をまとめた『十八史略』から、故事成語、人物にまつわる名場面を各時代よりセレクト。（三上英司）

孫子
アミオ訳 〔漢文・和訳完全対照版〕
守屋淳監訳・注解 臼井真紀訳

最強の兵法書『孫子』。この書を十八世紀ヨーロッパに紹介したアミオによる伝説の訳業がついに邦訳。その独創的解釈の全貌がいま蘇る。（伊藤大輔）

聊斎志異
和訳
蒲松齢 柴田天馬訳

中国清代の怪異短編小説集。仙人、幽霊、妖狐たちが繰り広げるおかしくも艶やかな話の数々。日本の文豪たちにも大きな影響を与えた一書。（南條竹則）

フィレンツェ史(上)
ニッコロ・マキァヴェッリ 在里寛司／米山喜晟訳

権力闘争、周辺国との駆け引き、戦争、政権転覆……。マキァヴェッリの筆によりさらにドラマチックに彩られるフィレンツェ史。文句なしの面白さ！

フィレンツェ史(下)
ニッコロ・マキァヴェッリ 在里寛司／米山喜晟訳

古代ローマ時代からのフィレンツェ史を俯瞰することで見出された、歴史におけるある法則……。マキァヴェッリの真骨頂が味わえる一冊！（米山喜晟）

ギルガメシュ叙事詩
矢島文夫訳

ニネベ出土の粘土書板に初期楔形文字で記された英雄ギルガメシュの波乱万丈の物語。「イシュタルの冥界下り」を併録。最古の文学の初の邦訳。

北欧の神話
山室静

キリスト教流入以前のヨーロッパ世界を鮮やかに語り伝える北欧神話。神々と巨人たちとが織りなす壮大な物語をやさしく説き明かす最良のガイド。

漢文の話
吉川幸次郎

日本人の教養に深く根ざす漢文を歴史的に説き起こし、その由来、美しさ、読む心得や特徴を平明に解説する。贅沢で最良の入門書。（興膳宏）

汚穢と禁忌　メアリ・ダグラス　塚本利明 訳

穢れや不浄を通し、秩序や無秩序、存在と非存在、生と死などの構造を解明。その文化のもつ体系的宇宙観に丹念に迫る古典的名著。（中沢新一）

宗教以前　高取正男　橋本峰雄

日本人の魂の救済はいかにして実現されうるのか。民俗の古層を訪ね、今日的な宗教のあり方を指し示す、幻の名著。（阿満利麿）

日本伝説集　高木敏雄

全国から集められた伝説より二五〇篇を精選。民話のほぼ全ての形式と種類を備えた決定版。日本人の原風景がここにある。（香月洋一郎）

人身御供論　高木敏雄

人身供犠は、史実として日本に存在したのか。民俗学草創期に先駆的業績を残した著者の、表題作他全13篇を収録した比較神話・伝説論集。（山田仁史）

日本の神話　筑紫申真

八百万の神はもとは一つだった!? 天皇家統治のために創り上げられた記紀神話を、元の地方神話に解体すると、本当の神の姿が見えてくる。（金沢英之）

河童の日本史　中村禎里

ぬめり、水かき、悪戯にキュウリ。異色の生物学者が、時代ごと地域ごとの民間伝承や古典文献を精査。〈実証分析的〉妖怪学。（小松和彦）

売笑三千年史　中山太郎

〈正統〉な学者が避けた分野に踏みこんだ、異端の民俗学者・中山太郎。本書は、売買春の歴史・民俗誌に光をあてる幻の大著である。（川村邦光）

初版 金枝篇（上）　J・G・フレイザー　吉川信 訳

人類の多様な宗教的想像力が生み出した多様な事例を収集し、その普遍的説明を試みた社会人類学最大の古典。膨大な註を含む初版の本邦初訳。

初版 金枝篇（下）　J・G・フレイザー　吉川信 訳

なぜ祭司は前任者を殺さねばならないのか？ そして、殺す前になぜ〈黄金の枝〉を折り取るのか？ 事例の博捜の末、探索行は謎の核心に迫る。

同時代史　タキトゥス　國原吉之助訳

古代ローマの暴帝ネロ自殺のあと内乱が勃発。絡みあう人間ドラマ、陰謀、凄まじい政争を、臨場感あふれる鮮やかな描写で展開した大古典。（本村凌二）

秋風秋雨人を愁殺す　武田泰淳

辛亥革命前夜、疾風のように駆け抜けた美貌の若き女性革命家秋瑾の生涯。日本刀を鍾愛した烈女秋瑾の思想と人間像を浮き彫りにした評伝の白眉。

歴史（上・下）　トゥキュディデス　小西晴雄訳

野望、虚栄、裏切り――古代ギリシアを殺戮の嵐に陥れたペロポネソス戦争とは何だったのか。その全貌を克明に記した、人類最古の本格的「歴史書」。

日本陸軍と中国　戸部良一

中国スペシャリストとして活躍し、日中提携を夢見た男たち。なぜ彼らが、泥沼の戦争へと日本を導くことになったのか。真相を追う。（五百旗頭真）

カニバリズム論　中野美代子

根源的タブーの人肉嗜食や纏足、宦官……。目を背けたくなるものを冷静に論ずることで逆説的に人間の真実に迫る血の滴る異色の人間史。（山田仁史）

帝国の陰謀　蓮實重彥

一組の義兄弟による陰謀から生まれたフランス第二帝政。「私生児」の義弟が遺した二つのテクストを読解し、近代的現象の本質に迫る。（入江哲朗）

交易の世界史（上）　ウィリアム・バーンスタイン　鬼澤忍訳

絹、スパイス、砂糖……。新奇なもの、希少なものへの欲望が世界を動かし、文明の興亡を左右してきた。数千年にもわたる交易の歴史を一望する試み。

交易の世界史（下）　ウィリアム・バーンスタイン　鬼澤忍訳

交易は人類そのものを映し出す鏡である。圧倒的な繁栄をもたらし、同時に数多の軋轢と衝突を引き起こしてきたその歴史を圧巻のスケールで描き出す。

戦争の起源　アーサー・フェリル　鈴木主税／石原正毅訳

人類誕生とともに戦争は始まった。先史時代からアレクサンドロス大王までの壮大なるその歴史をダイナミックに描く。地図・図版多数。（森谷公俊）

近代ヨーロッパ史　福井憲彦

ヨーロッパの近代は、その後の世界を決定づけた。現代をさまざまな面で規定しているヨーロッパ近代の歴史と意味を、平明かつ総合的に考える。

イタリア・ルネサンスの文化（上）　ヤーコプ・ブルクハルト　新井靖一訳

中央集権化がすすみ緻密に構成されていく国家あってこそ、イタリア・ルネサンスは可能となった。ブルクハルト若き日の着想に発した畢生の大著。

イタリア・ルネサンスの文化（下）　ヤーコプ・ブルクハルト　新井靖一訳

緊張の続く国家間情勢の下にあって、類稀な文化と個性的な人物達は生みだされた。近代的な社会に向かう時代の、人間の生活文化様式を描ききる。

はじめてわかる　ルネサンス　ジェリー・ブロトン　高山芳樹訳

ルネサンスは芸術だけじゃない！　東洋との出会い、科学と哲学、宗教改革など、さまざまな角度から光をあてて真のルネサンス像に迫る入門書。

増補　普通の人びと　クリストファー・R・ブラウニング　谷喬夫訳

ごく平凡な市民が無抵抗なユダヤ人を並べ立たせ、ひたすら銃殺する――なぜ彼らは八万人もの大虐殺に荷担したのか。その実態と心理に迫る戦慄の書。

匪賊の社会史　エリック・ホブズボーム　船山榮一訳

抑圧的権力から民衆を守るヒーローと讃えられてきた善きアウトローたち。その系譜や生き方を追い、暴力と権力のからくりに迫る幻の名著。

20世紀の歴史（上）　エリック・ホブズボーム　大井由紀訳

第一次世界大戦の勃発が20世紀の始まりとなった。この「短い世紀」の諸相を英国を代表する歴史家が渾身の力で描く。全二巻、文庫オリジナル新訳。

20世紀の歴史（下）　エリック・ホブズボーム　大井由紀訳

一九七〇年代を過ぎ、世界に再び危機が訪れる。不確実性がいやますなか、ソ連崩壊が20世紀の終焉を印した。歴史家の考察は我々に何を伝えるのか。

アラブが見た十字軍　アミン・マアルーフ　牟田口義郎／新川雅子訳

十字軍とはアラブにとって何だったのか？　豊富な史料を渉猟し、激動の12、13世紀をあざやかに、しかも手際よくまとめた反十字軍史。

バクトリア王国の興亡　前田耕作

ゾロアスター教が生まれ、のちにヘレニズムが開花したバクトリア。様々な民族・宗教が交わるこの地に栄えた王国の歴史を描く唯一無二の概説書。

ディスコルシ　ニッコロ・マキァヴェッリ　永井三明訳

ローマ帝国はなぜあれほどまでに繁栄しえたのか。その鍵は〝ヴィルトゥ〟。パワー・ポリティクスの教祖が、したたかに歴史を解読する。

戦争の技術　ニッコロ・マキァヴェッリ　服部文彦訳

出版されるや否や各国語に翻訳された最強にして安全な軍隊の作り方。この理念により創設された新生フィレンツェ軍は一五〇九年、ピサを奪回する。

マクニール世界史講義　ウィリアム・H・マクニール　北川知子訳

ベストセラー『世界史』の著者が人類の歴史を読み解くための三つの視点を易しく語る白熱の入門講義。本物の歴史感覚を学べます。文庫オリジナル。

古代ローマ旅行ガイド　フィリップ・マティザック　安原和見訳

タイムスリップして古代ローマを訪れるなら？　そんな想定で作られた前代未聞のトラベル・ガイド。必見の名所・娯楽ほか情報満載。カラー頁多数。

古代アテネ旅行ガイド　フィリップ・マティザック　安原和見訳

古代ギリシャに旅行できるなら何を観て何を食べる？　そうだソクラテスにも会ってみよう！　神殿等の名所・娯楽ほか現地情報満載。カラー図版多数。

アレクサンドロスとオリュンピアス　森谷公俊

彼女は怪しい密儀に没頭し、残忍に邪魔者を殺す悪女なのか、息子を陰で支え続けた賢母なのか。大王母の激動の生涯を追う。（澤田典子）

古代地中海世界の歴史　本村凌二　中村るい

メソポタミア、エジプト、ギリシア、ローマ――古代に花開き、密接な交流や抗争をくり広げた文明を一望に見渡し、歴史の躍動を大きくつかむ！

増補　十字軍の思想　山内進

欧米社会にいまなお色濃く影を落とす「十字軍」の思想。人々を聖なる戦争へと駆り立てるものとは？　その歴史を辿り、キリスト教世界の深層に迫る。

メソポタミアの神話《しんわ》

二〇二〇年四月 十 日 第一刷発行
二〇二四年五月十五日 第二刷発行

著 者 矢島文夫（やじま・ふみお）
発行者 喜入冬子
発行所 株式会社 筑摩書房
東京都台東区蔵前二―五―三 〒一一一―八七五五
電話番号 〇三―五六八七―二六〇一（代表）
装幀者 安野光雅
印刷所 中央精版印刷株式会社
製本所 中央精版印刷株式会社

ISBN978-4-480-09987-7 C0114

ちくま学芸文庫